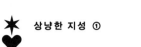

상냥한 지성 ①

# 마음의 평온을 얻는 법

플루타르코스 지음

임희근 옮김

옮긴이의 말 ( 11 )


마음의 평온을 얻는 법 ·············· ( 25 )

적에게서 이득을 끌어내는 법 ·········· ( 85 )

귀 기울여 듣는 법 ················ ( 115 )


주 ( 161 )

옮긴이의 말
오늘의 당신을 위한 어제의 문장

　고전을 왜 읽는가? 틀에 박힌 말이지만 흔히 '온고지신'溫故知新을 위해서라고 한다. 그러나 굳이 '온고'(옛것을 익힘)할 필요도 없이 예나 지금이나 똑같은 문제로 인간은 지지고 볶으며 살아간다.

　먼 옛날 로마 시대에 살았던 플루타르코스는 우리에게 '마음의 평온을 얻는 법'과 '적에게서 이득을 끌어내는 법', '귀 기울여 듣는 법'을 알려 준다. 서기 46년부터 120년까지 살았던 그는 고대 후기의 그리스 철학자로 중기 플라톤주의자였으며, 나중에 로마 시민이 되어 '루키우스 메스트리우스 플루타르코스'로 개명했고, 현재까지 남아 있는 그의 저작은 그리스어로 전해진다.

　루소와 몽테뉴 등 후세의 인문주의 혹은 계몽주의 철학자가 그를 찬양했고, 많은 독자가 그의 글을 읽었다. 플루타르코스가 만약 지금 살아 있다면 이렇게 말하지 않을까. "나를 숭배하지 마라. 어느 한 사람이나 어떤 원칙에 광적으로 빠져드는 것 또한 하나의 '정념'이다. 그것을 경계해야 한다."

그리스 동쪽 보이오티아 지방에 있는 소도시 카이로네이아의 유력 가문에서 태어난 플루타르코스는 청소년기에 아테네의 아카데메이아에서 수학과 철학을 공부했다. 이후 로마 시민이 된 그는 앞서 언급한 개명한 이름으로 불리게 되었다. 거의 평생을 델포이에서 약 80킬로미터 떨어진 카이로네이아에서 아폴론을 섬기며 살았고, 실제로 수년간 델포이의 아폴론 신전에서 제사장으로 일하기도 했다. 글과 강의로 로마제국의 유명 인사가 되었지만, 그는 태어난 곳에서 계속 살며 지역 업무에도 관여했고, 심지어 시장市長을 지내기까지 했다. 로마제국 곳곳에서 손님이 몰려들어 그와 대화를 나누고자 했는데, 손님과의 대화가 책으로 묶여 나오기도 했다. 그가 쓴 에세이 78편과 잡다한 글은 '도덕론'Moralia이라는 제목으로 묶여 나왔다. 여기에 번역해 실은 세 편의 글도 『도덕론』에 수록되어 있다.

플루타르코스는 젊은 시절부터 말년까지 델포이의 신전에서 봉직했는데, 그 영향으로 그의 문학작품 일부는 아폴론 신전 또는 신탁과 관계되어 있다. 또한 그는 『로마 황제전』, 『영웅전』 등을 쓴 전기 작가로 잘 알려져 있는데, 전기를 쓸 때 위인의 혁혁한 업적보다는 일화 중심으로 위인의 외모와 도덕성을 짝지어 부각시켰다. 『도덕론』은 마음먹고 집필한 단행본이 아니라 에세이와 연설 등 여러 글을 한데 묶은 책이다.

플루타르코스는 말년에 주로 『영웅전』을 쓰는 데 시간을 바쳤는데, 그에 앞서 『도덕론』에 실린 에세이를 (책이 될 줄은 모르고) 썼던 것 같다. 그는 오늘로 치면 작가이면서 자유기고가였다. 그가 철학자로서 쓴 글들은 고대 도덕의 집대성이라 할 수 있다. 플루타르코스는 농담, 일화, 신화, 토론을 섞어 가면서 박식한 학자답게 글을 썼다. 『도덕론』에서 플루타르코스의 문체는 추상적이지 않으며, 자발적이고 자유롭다. 그는 자신에게 영합하다 보면 저도 모르게 달콤한 소리를 좋아하게 된다고 보았다. 그러니 소중한 사람들의 칭찬보다는 적의 비판에 귀를 기울여야 한다는 것이다.

철학자로서 플루타르코스는 플라톤의 계보를 이었지만 소요학파의 영향도 받았다. 그는 스토아학파에도 호의적이었는데, 금욕과 이성을 강조한 점에서는 스토아학파 철학자라고도 할 수 있다. 그가 진정 거부

한 것은 에피쿠로스주의(쾌락주의)뿐이었다. 그는 무엇보다도 종교적 도덕적 문제에 천착했다.

그는 약 2천 년 전에 살았던 인물이다. 그 시대에 철학자의 일은 무엇이었을까? 그는 내적 삶에 침잠하여 살았지만, 이러한 고독에 만족한 것은 아니었다. 그는 고위공직자의 정신적 지도자가 되어 간접적으로 권력에 참여하길 원했다. 개인적 도덕과 권력 행사에서 부富는 중요한 문제이다. 넉넉하게 산다는 것이 철학자에게 어울리는 일일까? 플루타르코스는 부와 명상을 계발하는 것을 좋은 일이라 생각했다. 직접 정치를 한 것은 아니지만 '정치적 픽션'을 만든 셈이다. 그의 철학은 이런 상상에 대한 대답 같은 것이었다. 모든 정치 지도자는 언젠가는 역사의 역습을 맛보게 된다. 불운에 빠지기도 한다. 그러니 위험에 대비해야 한다. 피신처에 들어가 혼자 틀어박히는 것이 능사가 아니라 나쁜 일에 대비하는 마음가짐을 배워야 한다. 오직 철학만이, 이성만이 이 일을 할 수 있다. 철학과 이성은 우리와 역경 사이에 적절한 선을 그어 역경 앞에서 두려워하거나 얼어붙지 않게 해 준다.

옛사람들의 일화 혹은 왕이나 옛 철학자나 시인―

제논, 플라톤, 클레안테스, 핀다로스 등—을 인용하는 것 그리고 성 인지(젠더) 감수성이 지금과 다르다는 것—때는 바야흐로 로마 시대였다—을 빼면 2천 년이 지난 지금도 그의 글은 여전히 유효하다. 우리 현대인도 늘 걱정에 싸여 적의 공격 앞에서 위축되고 자기 말만 하면서 살지 않는가?

그가 굳이 「마음의 평온을 얻는 법」과 「적에게서 이득을 끌어내는 법」, 「귀 기울여 듣는 법」을 쓴 것은 우리 인간이 그때도 마음 편히 살지 못했으며 적에게서 이득을 끌어내지 못했고 남의 말을 귀 기울여 듣지 않았다는 반증이 아닐까?

플루타르코스의 『도덕론』은 그가 평생 철학에 몰두하며 읽고 생각한 결과물이다. 하지만 『도덕론』은 어떤 하나의 대의명분을 염두에 둔 것이 아니라 다양성의 원칙에 따른다. 그렇다고 모든 게 펼쳐지는 만화경 같은 것도 아니다. 우리는 플루타르코스의 삶에 대해 잘 모르며, 남아 있는 전기적 요소도 그의 글로 미루어 비로소 알아낸 것이다. 플루타르코스의 목적은 과연 무엇이었을까? 그의 편지를 받아 보는 고귀한 사람들(주로 귀족)을 도와 정신적 위기를 극복하게 하는 것, 가족 간의 갈등을 풀고 정치적 딜레마를 없애는 것. 그러니 「마음의 평온을 얻는 법」 같은 글을 우리는 스토아철학의 예비 과정으로 봐야 할 것이다.

　「마음의 평온을 얻는 법」에서 플루타르코스의 목적은 친구 파키우스를 정신적 수련으로 이끄는 것인데, 그 요구 조건이 글이 전개되면서 점점 늘어난다. 파키우스는 누군가? 오랜 친구? 정치적 동지? 우리는 글에 의존할 수밖에 없다. 우선 그는 철학자 플루타르코스에게 마음의 평온에 대해 무슨 말을 좀 해 달라고, 그리고 플라톤의 「티마이오스」 몇 구절에 대한 주석을 해 달라고 부탁한다. 설령 파키우스가 세네카의 편지에 나오는 루킬리우스보다 대단찮은 인물이라 해도, 그는 플루타르코스의 글에 나오는 익명의 수신인 모두를 상징하는 인물이다. 그 수신인은 나이를 불문하고 이상적인 대화 상대이자 특혜받은 추종자로서, 스토아철학의 모토에 따라 자기 행실을 개선하고 오직 자신에게만 의존할 자세가 되어 있는 사람이다. 이 다른 자아, 철학적 믿음과 삶의 프로그램을 반영하는 일종의 거울 앞에서 플루타르코스는 결코 큰 소리를 내지 않는다. 그는 소크라테스의 교훈을 받아들였다. 드러나지 않은 수신인이 "친애하는 파키우스"라는 격하된 존재감으로 잠깐씩만 나타난다 해도, 그 수신인이 추상화되어 잊히는 일은 결코 없다. 플루타르코스의 글이 그토록 생생한 까닭이다.

과시의 의도가 없는 플루타르코스의 언변은 연극적으로 화려한 구석 없이 간결하다. 그의 언변은 지혜를 추구하는 내면성에 뿌리를 둔다. 플루타르코스는 정답고 열린 마음으로 다른 형제(처럼 느끼는 인간)의 내면성에 말을 건다. 예를 들면 역경에 처했을 때 우리는 나쁜 일만 생각하며 불행을 곱씹기만 한다. 하지만 플루타르코스는 말한다. 우리에겐 좋은 일이 많이 남아 있다. 뺏기지 않은 것에서 위안을 받아야 한다. 그런데도 우린 한사코 나쁜 일만 본다. 이는 고집스럽고 경직된 아이의 태도와 같다. 장난감 하나를 빼앗기면 다른 장난감도 다 던져 버리고 징징 울어 대는 아이 말이다. 플루타르코스는 이런 친근한 비유를 자주 쓰는데, 이는 철학적 담론의 수준을 격하시키기보다는 오히려 실제 삶의 색채를 더해 주고 설득력을 높인다. 플루타르코스의 글은 항상 낮은 계급을 대상으로 했고, 그의 점진적 방법이 전제로 한 것은 강사의 긴장과 남에 대한 배려였다.

「마음의 평온을 얻는 법」에 담긴 철학은 나란히 걷는 두 사람의 심리적 체험에서 구체화된다. 플루타르코스는 실제 사례에서 출발해 주의 주장으로 나아간다. 추상적 주장이 아니라 실례에 바탕을 둔 조언인 셈이다. 가장 좋은 가르침은 학생이 직접 겪는 문제를 지적하는 것 아닌가? 플루타르코스는 이러한 문제를 직관적으로 알았으며, 정확하게 지적하고 해결책을 제시했다.

그러니까 이 글은 일상 문제에 적용한 철학 강의라 할 수 있다. 한마디로 이성으로 세상살이의 환상을 제압하라는 것이다. 플루타르코스의 스토아학파 철학자다운—로마 시민이었던 그의 이론과 실례가 섞인 충고는 다분히 스토아적이다—조언은 즉물적인 현대 독자에게 좋은 말이지만, 말에만 머물고 실천과는 동떨어진 교훈은 아닐까? 그렇지 않다. 우리는 점점 더 남의 말을 안 듣고 자기 말만 하며, 적에게서 이득을 끌어내지도 못한다. 그러다 보니 마음의 평온은 멀어져 가기만 한다.

올바른 경청이야말로 말(강의나 연설)의 핵심이

다. 사람들은 그럴듯한 말로 화려하게 떠들 줄은 알지만 남의 말을 잘 들을 줄은 모르니 배워야 한다. 특히 현대인은 자기 홍보를 하는 것만이 능사인 줄 안다. 현란한 말을 구사하는 젊은이에게 적절할 때 말을 삼가도록 가르치는 일이야말로 선생이 할 일이다. 플루타르코스는 남의 말을 잘 듣는 법을 가르침으로써 기꺼이 그 역할을 한다. 언변의 기술을 가르치는 이는 많지만 경청의 기술을 가르치는 이는 많지 않다. 그의 결론을 잘 경청해 보자. "잘 사는 것의 시작은 잘 듣는 것이다." 연설문 작성자나 연설을 자주 하는 사람, 강의를 하고 듣는 사람이 이 조언을 듣는다면 유익할 것이다.

「적에게서 이득을 끌어내는 법」은 코르넬리우스 풀케르라는 정치가에게 보낸 편지 형식의 글이다. 구술로 비서에게 불러준 듯한 말투다. 그는 무엇보다도 듣기 좋은 말, 즉 아첨을 듣지 말라고 한다. 솔직한 말도 가면을 쓴 아첨일 수 있다. 측근 중에서도 아첨하는 사람과 진정한 친구를 구분해야 하지만(『도덕론』에 「아첨자와 친구를 구분하는 법」이라는 글도 실렸다) 측근보다는 적을 믿는 편이 낫다. 그럼으로써 정치가나 개인은 적 때문에 억울한 상황에 처했을 때 어떤 전

략을 써야 상황을 더 나아지게 할지 알 수 있다. 우리는 아첨하는 사람 때문에 자신을 살피게 되지만, 이 경우 살핀다는 것은 다른 이를 살피는 것일 뿐이다. 반면 적은 항상 우리 내면을 살피게 한다. 적은 우리가 낯익은 악마에게 무뎌지지 않게 벼려 준다. 그 덕에 우리는 더 완벽하게 자신을 가다듬고 모범적이 되고 모욕을 감내하고 통제와 적에 대한 관용을 배운다. 한마디로 적의 존재는 나쁜 일의 배출구이자 좋은 일의 모델인 것이다. 6~7세기에 기독교인이 이 글에서 매우 깊은 인상을 받아 시리아어로 번역했다고 한다.

적에게서 이득을 끌어내고 남의 말을 잘 들을 줄 안다면 마음의 평온은 저절로 올 것이다. 플루타르코스는 인생의 덧없음을 잘 알았지만, 그렇기에 오히려 2천여 년이 지난 오늘날 사람들도 자신의 말을 참조하리라고 생각했던 것은 아닐까? 인간의 삶은 예나 지금이나 별로 달라지지 않았으니 말이다. 결코 평온하지 못한 이 시대에 그의 말은 더욱 설득력 있게 울린다.

베토벤은 플루타르코스의 글을 탐독하며 많은 위안을 얻었다고 한다. 나 또한 「마음의 평온을 얻는 법」에서 큰 위안을 받았다. 이 편지의 수신인인 파키우스는 어떻게 생각했을까? 물론 이 마음의 자족 상태에는 사회성이 가미되어야 할 것이다. 행복의 제1조건이 아무것에도 종속되지 않는 '아우타르케이아', 즉 자기 만족 상태라면 파키우스는 이렇게 반문할지 모른다. 모든 자원을 자기 안에서만 찾는 자족하는 현자는 우정을 맺을 수 없느냐고. 그래서 플루타르코스는 '정신적 자족'이라는 개념을 다시 만들어 냈다. 자기에게만 의존하는 것은 이기주의가 아니라 도덕적 자립인 것이다. 마음은 끊임없이 지키고 보살펴야만 변화한다. 이렇게 변모해야만 올바른 행동을 할 수 있다. 파키우스에 해당할 독자들 또한 플루타르코스의 조언에서 위안을 받거나 삶의 지침을 찾을 수 있기를 바란다.

나는 「적에게서 이득을 끌어내는 법」에서는 적 때문에 더 옷깃을 여미고 스스로를 항상 단속하는 사람의 모습을 보았고, 「귀 기울여 듣는 법」에서는 화려한 언변보다 잘 듣는 것이 우선임을, 그리고 강의나 연설을 듣는 매너를 배웠다.

글에서 친근함을 강조하기 위해 '자네'라는 호칭과 하게체를 썼는데, 이것이 다소 의고적으로 보일지도 모르겠다. 지금은 하게체가 구어에서 거의 쓰이지 않기 때문이다. '자네'로 지칭되는 상대방(독자)은 오늘날 여성과 남성 모두를 포함한다. 플루타르코스의 시대가 2천 년 전이었음을 염두에 두어야 할 것이다.

이 글은 그리스어로 쓰였지만, 그리스어를 모르는 나는 어쩔 수 없이 프랑스어 판본으로 중역할 수밖에 없었다. 각각 단행본으로 출간된 리바주Rivages 출판사의 『La sérénité intérieure』, 『Comment tirer profit de ses ennemis』, 『Comment écouter』를 번역 판본으로 삼았다. 영어본으로는 『Plutarch's Moralia』(in fifteen volumes, with an English translation by Frank Cole Babbitt et al, Loeb Classical Library, 1927~1939)를 참조했다.

먼 옛날의 조언을 요즘 읽어도 손색이 없는 조언으로 만들기 위해 내 나름대로 많은 노력을 기울였다. 플루타르코스의 조언을 21세기에 책으로 내자는 제안을 받아 주고 적극 협조해 준 유유출판사 대표와 이 번역을 좋은 글로 만들어 준 편집자 류현영 님에게 감사드린다.

2019년 여름
임희근

# 마음의 평온을 얻는 법

플루타르코스가 친애하는 파키우스[1]에게 보낸 편지

**1. 개요: 마음의 평온이란 무엇인가? 치솟는 정념에 어떻게 대비할 것인가?**

잘 있었나.

나는 자네가 마음의 평온에 관해, 특히 좀 더 깊은 해석을 요하는 「티마이오스」[2]의 몇 구절에 대해 무슨 말이든 좀 적어 보내 달라고 한 편지를 뒤늦게야 받았네. 우리 둘 다 아는 친구 에로스가 클라리시무스 푼다누스[3]에게서 매우 다급한 편지 한 통을 받고 급작스럽게 로마로 떠나야 했던 이유에 내가 깜짝 놀란 바로 그 순간이었네. 그래서 내가 생각만큼 자네의 부탁에 신경 쓸 시간이 모자랐던 걸세. 다른 한편으로 나는 이곳*에 있는 사람으로서 빈손으로 자네 앞에 나타나겠다는 결심은 할 수 없었네. 그래서 내가 '마음의 평온'에 대해 쓸 작정으로 여기저기서 주워 모은 몇몇 성찰

---

* 플루타르코스는 이 글을 쓸 때 아마도 번잡한 생활을 떠나 평온을 맛볼 수 있는 로마에서 멀리 떨어진 곳에 머무르고 있었던 것 같다.

의 말을 골라 보았다네. 나는 자네가 멋진 문체의 매력을 찾고 싶은 독자로서가 아니라 활용할 만한 교훈이 필요한 사람으로서 이 이야기를 기다린다고 생각하네. 고위층 인물들과 교분을 쌓고 있는데도 포럼[4]의 어느 연설자 못지않게 평판이 좋은 자네는 비극 속 메롭스*의 처지는 아니며, 나는 그 왕에게 답하듯

군중의 환호에 그대는 도취했노라![5]

라고 말하여 우리 사이의 자연스러운 우정을 망가뜨릴 수는 없다네. 자네는 종종 들었을 테고 또 기억도 할 테지만, 값비싼 반지라도 생인손을 낫게 하지 못하고 왕관이 두통을 없애 주지는 않듯이 상원의원이 신는 신발**을 신었다 하여 통풍이 호락호락 물러서는 것은 아니라네. 만약 어떤 사람이 지금 가진 것에 만족하지 못하고 그것을 누릴 줄 모른다면, 그리고 소유하지 못한 것의 끝없는 목록이 늘 뒤따라 다닌다면, 어찌 인생

---

* 그리스신화에 나오는 인물로 트로이 부근 페르코테의 예언자이자 왕. 신화에서 메롭스는 주로 자녀들과 관련해서 언급된다. 두 아들 아드라스토스와 암피오스가 트로이전쟁에 나가면 죽을 것을 미리 알고 필사적으로 막았으나 결국 참전해 둘 다 디오메데스의 창에 목숨을 잃었다. 그의 딸 아리스베는 트로이 왕 프리아모스의 첫 번째 아내였다.
** 로마 시대에는 귀족을 포함한 시민과 노예가 신는 신발이 달랐다.

의 슬픔이나 우여곡절을 피하기 위해 부나 영광, 궁정의 권력에서 도움을 찾을 생각을 한단 말인가? 마음의 정념적이고 비이성적인 부분을 재빨리 제어하는 이성으로 마음이 다른 데로 빠지거나 눈앞의 대상을 시야에서 잃어버려 약해지거나 절도를 잃고 흥분하지 않도록 막는 것 말고 이러한 불확실함을 피할 다른 길이 뭐가 있겠나? "무엇보다 신들을 기억하고 행복할 때 신들에게 경의를 표해, 신들이 필요할 때는 그들이 보호자라는 믿음을 갖고 그 수호하는 보살핌을 이미 얻은 듯이, 그리고 양식 있는 사람이라면 정념이 폭발하기 전에 정념을 유용하게 물리칠 수 있는 가르침도 이미 얻은 듯이 행동하라"는 크세노폰[6]의 조언도 마찬가지라네. 오래 준비하면 할수록 도움은 더욱 유용할 걸세. 어디선가 사나운 개가 짖는 소리만 들리면 신경을 바짝 곤두세우고, 귀에 익은 목소리가 들려야만 비로소 짖기를 멈추는 개처럼 마음속 정념도 일단 들끓었다 하면 진정시키기가 쉽지 않다네. 친구의 말, 귀에 익은 음성이 들려와 마음의 출렁임과 욱함을 달래 주어야만 그 정념은 평정된다네.

## 2. 꼭 일을 포기할 필요는 없다, 포기하는 것 자체가 평온에 장애가 되는 경우가 많다

마음의 평온을 맛보려면, 아무것도 하지 않는 대가로 평온을 얻고자 하는 것이니만큼 사익이나 공익에 될 수 있는 대로 적게 관여하고 무엇보다도 이 평온에 아주 높은 값을 매겨야 한다는 게 도덕주의자의 주장일세. 마치 사람들이 저마다 병에 걸려 남들이 이렇게 말해 주어야만 하는 것과 같네.

불행한 자여, 침대에만 누워서 꼼짝 말라!7)

하지만 몸의 상태를 제대로 알아차리지 못한다면 몸이 약해지는 것에 대비하지 못할 걸세. 또 게을리 생활하거나 나른하게 가만히만 있거나 친구와 부모와 국가에 대한 의무를 잊어버리라는 조언도 마찬가지로 마음의 무질서나 고통을 면하는 데는 소용이 없네. 그리고 세상일에 덜 관여하는 사람이 마음 편하다고 생각하는 것도 옳지 않네. 이렇게 본다면, 집안 살림을 하는 경우가 많은 여자가 남자보다 더 평온해야 할 것이네.

그런데 헤시오도스[8]의 말처럼 북풍이

그 칼바람으로 피부가 부드러운 처녀에겐 파고들지
않는다

라는 것도 사실이겠지만, 질투나 미신이나 경쟁이나
변덕에서 오는 슬픔, 동요, 절망이 말로 표현할 수 있는
것보다 더 여자들만 있는 곳 깊숙이까지 스며든다는
것도 사실이네. 20년 전부터 혼자 벌판에서 살았던 라
에르테스[9]의 경우는 이랬다네.

늙은 하녀가 그에게 먹을 깃과 마실 것을 챙겨 주며
시중든다.[10]

라에르테스는 비록 국가와 가족과 왕좌를 떠나긴
했지만, 실은 여전히 무위도식과 낙담 속에서 슬픔과
더불어 살았던 것이네. 이 사람처럼 아무 일도 하지 않
는 것 때문에 오히려 걱정투성이가 되는 사람이 많네.

펠레우스의 고귀한 아들 아킬레우스[11]는

좁은 신도석 부근에 앉아 분노를 되씹었네.
남자들이 유명세를 얻는 모임에 얼씬도 하지 않았고,
서로 다투는 자리에도 가지 않았네.
그저 빈둥거리면서 심장의 불길을 소진할 뿐이었네.
그는 전쟁터와 전투의 함성이 그리웠네.

그러자니 생겨나는 고통에 가득 차서 그는 분노의 함성을 내지르네.

신도석 부근에만 있다 보니 대지에는 쓸모없는 짐이 되는구나.[12]

그러니 에피쿠로스[13] 자신도 생각했다네. 이런 사람들은 원하는 것을 얻지 못하고 가만히 있는 것 자체가 고문이요 불행일 테니, 빈둥거리지 말고 스스로 영광과 명예를 원한다고 느끼는 천부적 성향을 살려 정치 생활에서 제 역할을 하고 공적인 일에서 한몫을 해야 한다고. 정치에 가장 소질이 있는 사람이 아니라, 가만히 쉬고만 있지 못하는 사람이 정치를 해야 한다고 말한 에피쿠로스라는 자는 참 이상한 사람일세! 직업이 많고 적고는 문제가 아니라네. 마음이 평온한가 그렇지 않은가를 결정하는 정직함이나 추악함이 일 자체에 내포되어 있기 때문이지. 이미 말했다시피, 악한 일을 하는 사람 못지않게 선한 일을 할 기회를 없애 버리는 사람도 마음이 서글프고 사기가 저하되는 법이라네.

### 3. 상태를 바꾼다 하여, 또 욕망을 지나치게 가진다 하여 평온을 얻는 것은 아니다

오직 한 종류의 삶만이 고통이 없다고 인정하고 싶어하는 사람들이 있네. 어떤 사람들이 보기엔 농부의 삶이 그렇다네. 또 어떤 사람들이 보기엔 혼자 사는 젊은이의 삶이 그렇고. 또 어떤 사람들은 왕의 삶이 그렇다고 생각한다네. 메난드로스[14]는 이런 말로 이들의 생각이 다 틀렸음을 잘 보여 주었네.

파니아스[15]여, 남에게 돈을 빌릴 필요가 없는
부자들은
밤중에 "가엾은 나!" 하며 끙끙대지 않을 거라는 게

예전에 내 생각이었네.

끊임없이 나 자신을 돌이켜 보고, 또 부자들이 단잠을

잤으면 하고 바란다네.[16)]


그리고 그는 부자도 가난한 자와 같은 슬픔을 느

끼는 것을 보고 계속해서 이렇게 외치네.


그러니 삶과 슬픔은 형제 같은 것.

쾌락의 삶이 그를 시종처럼 여기나니,

그는 얼마나 고귀한 삶 편에 서 있으며

한편 얼마나 보잘것없는 삶 곁에서 늙어 가는가.


하지만 바다를 건널 때 뱃멀미를 하는 겁쟁이가

작은 배에서 돛 두 개짜리 범선으로, 또 삼단 노가 있는

큰 배로 갈아타면 좀 나을 줄 알듯이 — 하지만 실제로

는 그래 봤자 아무 소용 없고 짜증과 근심만 생겨날 따

름인데 — 조건을 이렇게 저렇게 바꿔 봤자 아무 소용 없

네. 그런다 하여 마음이 슬픔과 동요, 즉 경험 부족, 생

각 부족, 능력 부족과 현재의 좋은 것을 누리지 못하는

상태에서 벗어날 수 있는 것은 아니라네. 부자의 쪽배

나 빈자의 쪽배나 똑같이 파도에 시달리며, 기혼자나 독신자나 똑같이 불행한 걸세. 그러니까 사람이 공공 장소를 피해 멀리 있다 하여 휴식을 달게 맛볼 수 있는 건 아니라네. 그래서 궁정이 어떻게 돌아가는지 그 속 사정을 잘 아는 사람들이 곧장 극심한 피로를 느끼는 거지.

근심에 사로잡힌 환자는 다만 우울할 뿐이다.[17]

그런 사람은 아내가 성가시게 한다고 불평하고, 의사를 비난하고, 침대가 좁아 불편하다고 하겠지.

친구가 찾아와도 괴롭고, 안 찾아와도 괴롭다.

시인 이온이 한 말일세. 그러다 병이 낫고 기분이 좀 좋아지고 건강이 일단 회복되면 모든 음식이 맛있고 좋아 보인다네. 어제는 달걀이며 먹기 좋게 구운 빵, 고운 밀가루로 만든 빵도 싫다더니만, 오늘은 두 번 구운 딱딱한 빵도 올리브나 크레송[18]을 곁들여 맛있게 먹고 행복하게 음미한다네.

### 4. 평온은 마음속에 있는 것

이성으로 각자의 삶이 어떻게 바뀌는지 그리고 어떻게 행복한 입장을 취하게 되는지도 별반 다르지 않다네. 어느 날 알렉산드로스대왕은 아낙사르쿠스[19]가 세상의 무한함에 대해 논하는 것을 듣고 눈물을 쏟기 시작했네. 왜 우느냐고 친구들이 물으니 그는 대답했네. "헤아릴 수 없이 많은 세상이 있는데, 나는 그중 하나도 정복하지 못했으니 어찌 울지 않겠는가?"

크라테로스[20]는 비록 조끼를 입고 보잘것없는 외투를 걸쳤을망정 나름대로 웃으며 농담을 하고 자기 인생을 지속적인 축제로 삼은 반면, 아가멤논[21]은 그의 방대한 왕권 행사가 고통의 원천이라고 보았네.

나를 알겠는가, 나는 아트레우스의 아들 아가멤논.
제우스는 끊임없이
가장 큰 불행으로 나를 짓누르나니.[22]

하지만 사람들이 디오게네스[23]를 경매로 팔아넘겼을 때 그는 자리에서 일어서라는 명령을 받았는데도 그대로 앉은 채 소리치는 군중을 비웃고 조롱하며 말했네. "만약 당신들이 팔아야 하는 것이 생선이었다면 어쩔 텐가?" 소크라테스는 감옥에 갇혀서도 친구들과 철학을 논했다네. 파에톤[24]은 하늘로 올라갔을 때 아무도 아버지의 말과 수레를 전해 주지 않자 너무 원통해서 발을 동동 굴렀네.

신발을 발에 맞추지 발을 신발에 맞추지 않듯, 우리 각자가 어떤 입장을 취하며 살아왔느냐에 따라 삶이 만들어지는 거라네. 누군가도 이미 말했지만, 최선의 삶을 택한 사람이라 하여 그 삶이 늘 유쾌하기만 한 것은 아니라네. 삶을 최선의 것으로, 더없이 달콤한 것으로 만들어 주는 것은 지혜라네. 그러니 우리 평온의 내적 원천을 정화하고 바깥에서 닥쳐오는 일을 기꺼이 받아들임으로써 우리와 잘 맞아떨어지게 하여 매우 정답고 친숙했던 일처럼 되게 하세나.

닥친 일에 맞서서 성을 낼 필요가 있는가?
어차피 일은 그리 될 수밖에 없는 것, 하지만
그걸 잘 활용할 줄 아는 자는 행복할지니.[25]

## 5. 내면에 어떻게 평온을 구축할 것인가?

플라톤은 삶을 주사위 놀이에 비유했네. 주사위 놀이를 할 때는 유리한 지점을 정해 주사위를 던진 다음 무엇이 나왔건 그것을 최대한 잘 이용해야 하네. 이 두 행위 중에서 주사위를 던지는 것은 우리 마음대로 할 수 없지만, 운명이 준 결과를 현명하게 받아들일 수는 있네. 인생에서 일어나는 일마다 자리를 정해 놓아, 이 일이 우리에게 다행이라는 면에서는 가장 쓸모 있고 불행이라는 면에서는 가장 덜 고통스러운 일이 되도록 할 수 있다는 말이네. 우리가 합리적인 사람이라면 이 일에 매달려야 하네. 더운 것도 추운 것도 참아내지 못하는 환자처럼 깊이 생각하지도 않고 삶에 귀를 기울이지도 않는 사람들이 있네. 그런 사람들은 성공에 도취하고, 역경이 오면 우울해하지. 성공하건 역경이 오건 그들은 마음이 흔들리네. 아니, 차라리 두 상황에 처한 자신에 대해 흔들린다고 하는 게 맞겠네. 그리고 남들이 좋다고 하는 일이 닥쳐도 그 외에 다른 일을 대하듯 아무 감흥이 없네. 무신론자라 불리는 테오도루스[26]는 말했네. "내가 오른손으로 이성을 내놓아

도, 내 말을 듣는 사람들은 왼손으로 받아들인다." 이
처럼 배운 바가 없는 사람들은 종종 오른쪽으로 닥쳐
오는 운명을 왼쪽으로 서툴게 받아들여 혼란에 파묻힌
다네. 반면 알 걸 아는 사람들은 그렇지 않네. 그들은
꿀벌이 가장 아리고 메마른 풀인 백리향에서도 달콤한
꿀을 빨아내듯, 더없이 힘든 일에서도 개인적인 이득
을 끌어낼 줄 아는 경우가 많다네.


### 6. 역경을 이용할 줄 알라

자기가 기르는 개에게 돌을 던졌는데, 돌이 개가
아니라 장모를 맞히자 "이렇게 됐어도 돌 던진 것 자체
는 나쁜 일이 아니야!"라고 말한 누군가처럼, 우리는
우선 역경을 이용하는 방법을 연습하고 극복하는 일에
매진해야 하네. 사실 운명이 가져오는 바람직하지 않
은 일을 이와 달리 보게 해 주는 방법이 있다네. 유배형
을 받은 디오게네스는 "그래도 이건 불행한 일이 아니
야!"라고 말했네. 왜냐하면 귀양을 가서야 비로소 철학
에 몰두하기 시작했기 때문이네. 키티온의 제논[27])에게
는 장삿배가 한 척밖에 남아 있지 않았네. 이 배가 물건

을 다 실은 채 가라앉았다는 소식을 듣고 그는 소리쳤네. "운명이여, 내가 외투를 둘러 입고 현관문 밖에 나와 보게 하다니, 참 잘했다!" 이를 본받아 행동하지 못할 이유가 뭐란 말인가? 이런 점잖은 행동에 무슨 잘못이라도 있단 말인가? 그렇게 생각한다면! 이제부터는 시골에 가서 살며 오직 자네가 할 일만 하게. 위대한 사람과 우정을 쌓아 보려 했는데 퇴짜를 맞았는가? 그럼 온갖 위험이나 난관을 피해 초야에 묻혀 살게나. 상대적으로 번잡하고 난관 많은 일에 종사하고 있는가?

　　　더운 물로 목욕한다 해도 그렇게 효과적으로
　　　팔다리가 부드러워지지는 않으리.

　　이는 핀다로스[28]가 쓴 구절이라네. 핀다로스가 영광이나 좋은 평판이나 권력을 얻었다 하여

　　　그 노력이 달콤해지고 고된 일이 고되지 않게[29]

된 것은 아니네. 하지만 때로는 험담이나 증오로 하루를 망치고 남들 때문에 악한 행동을 하게 되는 일도 생

길 것이네. 그럴 때는 디오니시우스 1세에게 우정을 발휘했다 폭풍우에 휩싸인 플라톤처럼 뮤즈 쪽이나 아카데메이아 쪽을 향해 순풍에 돛을 달아야 하네. 유명인이 이런 나쁜 일에 휩쓸리는 걸 보는 것 또한 마음의 평온에 커다란 도움이 된다네. 예를 들어 무자식이 불행한 일이라고 말할 수 있나? 로마의 왕들을 보게나. 그중 자식에게 왕위를 물려준 이는 하나도 없다네. 지금 처한 고난을 자네는 고통스럽게 견디고 있겠지만, 보이오티아[30] 사람 중에 에파미논다스[31] 말고 누구를 닮고 싶으며, 로마인 중에서는 "사랑하는 아내가 날 배신했다!"고 했던 파브리키우스[32] 말고 누구를 닮고 싶은가? 델포이 신전에 새겨진 이 문구를 자네는 읽지 못했단 말인가?

이 공물은 군신들과 대지의 왕인 아기스[33]가 바치는 것이다.

그런데 아기스 왕의 아내인 티마이아는 알키비아데스[34]의 유혹에 넘어가 아들을 낳았고, 그 사실을 시녀들 앞에서 작은 소리로 알키비아데스에게 알렸네.

그럼에도 아기스 왕은 그리스에서 가장 유명하고 위대한 사람 중 한 명이었다네. 마찬가지로 스틸폰[35])은 딸이 부정을 저질렀지만 세상 누구보다도 즐겁게 살았네. 메트로클레스[36])가 이 일로 그를 비난하자 스틸폰은 대답했네. "이건 내 잘못인가, 딸아이의 잘못인가?" 메트로클레스는 대꾸했네. "잘못이야 따님이 했지만, 불행은 당신 몫입니다." 스틸폰이 다시 말했네. "하지만 그렇게 헛발질을 하면, 하는 사람이나 사고를 당하는 사람이나 다 피해를 입지 않는가?" 그러자 메트로클레스는 그렇다고 했네. "그렇다면 사고는 그것을 당하는 사람에게도 개인적인 불행 아닌가?" 스틸폰은 견유학파犬儒學派* 철학자인 메트로클레스에게 그의 비난이 텅 빈 개소리에 불과함을 선의 가득한 철학적 추론으로 보여 주었던 것이네.

---

* 키니코스학파라고도 불리는 고대 그리스 철학의 한 학파. 소크라테스의 제자인 안티스테네스가 시조로 소크라테스에게 영향을 받아 덕(德)을 위한 정신적 육체적 단련을 중요시하고 자연과 일치된 소박한 삶을 지향하며 권력과 같은 세속적인 것으로부터의 자유를 추구했다. '키니코스'란 '개와 같은 생활'(kynicos bios)에서 유래한 듯한데, 가진 것 없는 초라한 삶을 의미한다. 여기서는 개처럼 문 것을 놓지 않으며 뻔뻔하다고 비난받았던 이 학파를 넌지시 빗대어 말한 것이다.

## 7. 남의 질시에 영향받지 말라

사람들은 대부분 친구와 친척뿐 아니라 원수의 질시에도 고통받고 기분 상해하네. 그런데 웬걸! 험담, 분노, 미움, 심술궂음, 악의 담긴 질투는 그런 것에 영향받는 사람에겐 숙명적인 것이지만, 오직 생각 없는 사람만이 그런 것에 고통받고 기분 상해한다네. 이웃 간의 기분 상함이나 함께 사는 사람들 사이의 속상함이나 부하가 저지른 배신도 마찬가지네. 분명 자네는 이에 제일 먼저 마음이 흔들릴 걸세. 그리고 소포클레스가 말한

떫고 쓴 것을 떫고 쓴 치유제로 씻어 내는

용렬한 자들처럼 자네는 이런 자들의 정념과 질병에 마치 그런 사람이나 된 것처럼 상처받고 파르르 떨겠지. 이는 이치에 맞지 않는 일이네. 어떤 일을 이끄는 임무를 맡았을 때, 자네는 말하자면 그 일을 단순하고 올곧게 다루지 않고 잘 만들어진 연장이 아니라 무디고 휘어 버린 연장 같은 사람들에게 의존하는 셈이라

네. 내 말을 믿게나. 그런 사람들을 바로 일으켜 세우는 것은 자네의 역할도 아니고 쉬운 일도 아니네. 그런 사람들을 있는 그대로, 의사가 이를 뽑는 데 필요한 도구를 사용하는 것처럼 자연스레 받아들여 어떤 일이 일어나도 온화함과 절제를 보여 준다면, 이런 마음 자세로 인해 자네는 남들의 배은망덕한 행동과 나쁜 짓으로 서글퍼지기보다는 행복해질 확률이 높아질 것일세. 멍멍 짖어 대는 개는 제 역할을 하는 것이네. 자네는 그걸 확신할 걸세. 그걸 안다면 도덕적 타락과 성격의 약점으로 말미암아 움푹 팬 땅에 물이 흘러들듯 줄줄 흘러드는 슬픔의 수많은 동기를 자기도 모르게 부여하거나, 여태 하지 않던 나쁜 짓으로 스스로의 빈자리를 채우는 짓 같은 것을 멈추게 될 걸세. 몇몇 철학자의 이론을 자네도 알고 있을 테지. 그 철학자들은 불행한 자들이 우리에게 연민을 불러일으킨다고 비난하네. 그들은 말하네. 같은 인간을 위로하는 것은 좋은 일이지만, 그 고통을 함께 나눈답시고 주위 사람들에게 휘둘려서는 안 된다고 말일세. 게다가 한 술 더 떠서, 우리 자신이 나쁜 행동을 하고 잘못된 도덕적 자세를 취할 때 낙담하지도, 조급해하지도 말라고 하네. 그 철학자들이 원하는 바는 우리가 스스로를 괴롭히지 않고 악에서 치유되는 방법을 깨닫는 거라네. 그때 가서 우리 스스로 슬퍼하고 푸념하게 내버려 둔 것이 과연 잘못한 일이었는지 판단해 보게나. 곁에 다가와 치료해 주겠다고 하는 이들이 다 덕성스럽고 정직한 사람은 아니기 때문이네. 친애하는 파키우스여, 우리가 부지불식간에 부각시키는 것, 내보이는 것은 우리에게 다가오는 이들의 보편적인 결점, 나쁜 이들에 대한 미움이 아니라 자신에게 훨씬 관심이 많은 우리의 인격이라네. 너무 열심히 일에 뛰어들거나 너무 열심히 성공을 좇거나 혹은 이와 정반대로 다 소용없다며 일을 포기하는 사람을 보면 우리는 그 인간 자체를 의심하게 되네. 사람들은 그런 사람이 기분이 안 좋거나 실망하거나 역경에 처했을 때 그를 비난하지. 하지만 모든 것을 절제하며 침착하게 받아들이는 사람은 일상생활의 거래에서도 남에게 맞출 줄 알기에 수월하게 넘어갈 수 있다네.

## 8. 불행한 일이 닥쳤을 때는 좋았던 날의 기억으로 스스로를 지탱하라

앞에서 논했던 사례로 되돌아가 보세. 열이 나면 모든 음식이 입에 쓰고 맛이 없는데, 같은 음식을 남들이 거리낌 없이 먹는 것을 보면 우리는 음식 자체가 아니라 우리 자신과 그 병에 화가 난다네. 반면 다른 사람들이 어떤 사건을 슬픔 없이 기꺼이 받아들이는 것을 보면 그 사건을 원망하고 푸념하다가도 그냥 넘어가고 말지. 이것도 역경 속에서 평온을 찾는 데 도움이 될 수 있네. 즉 아직 남아 있는 이점에 고집스레 눈을 감지 않는 것이지. 이렇게 좋은 점과 나쁜 점을 가까이 놓고 비교해 보면 나쁜 느낌이 좋은 느낌으로 다소 완화된다네. 하지만 꼭 그런 것만은 아니야. 빛이 너무 밝아 눈이 부시면, 우리는 꽃과 풀로 시선을 돌려 눈을 쉬어 주지. 그런데 반대로 우리 마음은 괴로운 생각에 집중하고 역경을 하나둘씩 열거하며 끊임없이 결론을 내리라고 억지로 몰아붙이고, 그나마 위안이 되는 이미지는 폭력적이라 할 만큼 거세게 마음속에서 밀어내 버린다네. 하지만 바로 이때가 다음과 같은 말을 기분 좋게 모사꾼에게 적용해야 할 때라네.

질투 많은 사람들아, 왜 남의 결점을

꼬치꼬치 파고드는가? 자기 할 일이나 잘하게.

나도 말하려네. 왜 자신에게 닥친 나쁜 일을 제대로 살펴볼 생각을 안 하는가? 그 나쁜 일을 조명하고 되살리는 방법이 여기 있네. 왜 지금 누리는 좋은 일로 생각을 돌리지 않는가? 마치 빨판이 가장 유해한 요소를 살에서 빨아내듯, 자네 마음에서 가장 안 좋은 것만 골라 주워 내게. 남에게 품질 좋은 고급 포도주를 팔고 정작 자기 저녁 반주로는 시큼한 찌꺼기 포도주나 마시는 키오스섬 주민들이 자네와 마찬가지라네. 대체 주인이 어땠기에 떠났느냐고 사람들이 묻자 "주인님은 주위에 좋은 것이 즐비한데도 나쁜 것만 찾으셨습니다"라고 대답한 하인도 그렇다네. 사람들은 사실 자기가 가진 꽤 훌륭하고 감미로운 것은 그냥 지나치고, 고통스럽고 괴로운 기억만 좇기 일쑤라네. 그런데 아리스티포스[37]는 그렇게 행동하지 않았네. 그는 현명한 사람답게 좋은 일과 나쁜 일의 무게를 달아 보는 저울이 혹시 나쁜 일 쪽으로 기울면 추를 손수 맞춰 나쁜 쪽을 좀 더 가볍게 만들었네. 그러다 어느 날 아주 좋은 땅을 잃었는데, 이때 한 친구가 곁에서 매우 애

석해하며 분하다는 표정을 짓자 말했네. "자네에겐 작은 땅 한 뙈기밖에 없지 않나? 반면에 나는 아직도 땅이 세 마지기나 있네." 이 말에 친구는 그 말이 맞다고 했네. "그렇다면 이 시점에서 안됐다고 말할 사람은 오히려 내가 아닌가?" 사실 자기가 뭔가를 잃었다고 혹은 가졌어도 누리지 못했다고 괴로워하는 것은 미친 짓이네. 우리는 꼭 떼쟁이 어린아이와 같다네. 장난감이 아무리 많아도 하나라도 뺏기면 발버둥치며 울어 대지. 이와 마찬가지로 운명이 어떤 면에서 우리에게 고통을 줄 때 푸념하고 조바심을 낸다면, 충분히 행복할 수 있는 남은 이점마저 어리석게 망쳐 버리는 셈이네.

## 9. 지금 가진 좋은 것을 제대로 평가하라

그런데 누군가는 말할 테지, 우리가 가진 건 뭐지? 나는 이렇게 답하려네, 우리가 안 가진 건 또 뭐지? 어떤 사람은 영광을, 어떤 사람은 집을, 어떤 사람은 아내를, 또 어떤 사람은 좋은 친구를 가졌네. 타르수스의 안티파트로스[38]는 죽는 순간 자기가 누린 모든 좋은 것의 목록을 작성했네. 시칠리아에서 아테네로 항해하던 행복한 기억을 잊지 않으려고 말일세. 많은 것이 그렇듯, 우리는 누구나 자기가 가진 좋은 것을 무시하지 말고 가지런히 목록으로 만들어 이에 감사해야 하네. 그렇네, 건강하게 잘 살아 해日를 보고, 전쟁이나 혁명에 휩쓸리지도 않았다는 사실을 다행하게 생각하세나. 대지는 경작하라고 제 가슴을 내어 준다네. 바다는 우리가 두려움 없이 건너가려 한다면 그 수면을 기꺼이 내어 주고 말일세. 말하든 입 다물든, 일하든 일하지 않든 우리 마음대로네. 지금 가진 것이 한순간 없어진다고 생각해 보거나, 건강이 환자에게 얼마나 소중하며 전쟁의 참화를 겪은 사람에게 평화가 얼마나 소중한지 생각해 보게나. 대도시에서 무명에 이방인인데도 친구와 명성을 얻는다는 것이 얼마나 바람직한 일인지, 그리고 반대로 이점을 하나도 누리지 못하는 자신을 본다면 얼마나 통탄스러울지를 생각한다면 이 행복이 더욱더 소중할 걸세. 이는 우리 모두가 좋은 걸 잃어야만 비로소 그것이 중요해진다는 뜻일까? 그런 좋은 것을 갖고 있는 한은 그것이 아무 가치도 없다는 뜻일까? 어떤 대상은 더 이상 존재하지 않을 때만 가치를 얻는 것일까? 우리는 가치 있다 여기는 것을 손에 넣고는 그

것을 잃을까 안달복달해서는 안 되네. 그렇지만 그것을 얻었다고 해서 무시하거나 경시해서도 안 되네. 거기서 최대한의 쾌락을 찾고 가능한 이익을 끌어내, 설령 잃었더라도 그에 따르는 고통이 덜 잔인하도록 그런 것을 사용하세. 아르케실라우스[39]는 대부분의 사람들이 남의 시나 그림이나 조각상은 주의를 기울여 면밀하게 검토하고 잘 들여다보는 것이 맞다고 여기면서도, 정작 남들 눈에 꽤 괜찮은 요소가 많아 보이는 자신의 삶에는 전혀 관심을 갖지 않는다고 했네. 그들의 시선은 항상 자기 너머 저편으로 가 있네. 그런 사람들이 감탄하는 대상은 유명인이나 남의 행운뿐이네. 그래서 남의 여자를 밝히는 남자는 굳이 친구의 아내를 찾고 자기 아내는 무시하는 거라네.


## 10. 우리 힘으로 어찌해 볼 수 없는 것보다 어찌해 볼 수 있는 좋은 것에 더 눈길을 돌리라

대부분의 사람들이 그러하듯, 형편이 더 나은 사람과 자신을 비교하지 말고 스스로의 양심을 돌아보거나 자신의 상황을 생각하거나, 그도 안 되면 자신보다 못 가진 사람에게 눈길을 돌리는 것이 마음의 평온을 유지하는 좋은 방법이네. 나는 얼른 이런 예를 들고 싶네. 감옥에 갇힌 죄수는 석방된 사람을, 석방된 사람은 자유인을, 자유인은 시민을 부러워하네. 또 시민은 부자를, 부자는 총독을, 총독은 왕을, 그리고 왕은 신을 선망한다네. 그들은 천둥 번개를 마음대로 내리고 싶어하네. 대체 그래서 뭘 하려고? 항상 자기 능력보다 넘치는 것을 해야 한다고 느끼는 사람은 지금 가진 몫에 결코 만족할 줄을 모른다네.

> 황금 부자인 기게스*의 보물이 걱정된다.
>
> 난 그걸 샘내는 것도, 거기에 화를 내는 것도 아니다.
>
> 신들의 행위, 즉 지엄한 왕권에 대해선
>
> 내 영혼이 전혀 유혹을 느끼지 않는다.
>
> 그런 것은 내 눈에는
>
> 너무 멀리 있는 위대함이다.

---

* 리디아의 왕 칸다울레스를 섬기는 목동 기게스는 어느 날 갑자기 일어난 커다란 지진으로 생긴 동굴에 들어갔다 거인의 시체를 발견한다. 그 시체의 손가락에 금반지가 끼워져 있었는데, 그 반지를 빼 자신의 손가락에 낀 기게스는 우연히 반지를 돌리면 자기 모습이 보이지 않았다 다시 돌리면 보이게 된다는 사실을 알았다. 가축의 상태를 왕에게 보고하러 궁전에 들어간 그는 마법 반지를 이용해 모습을 감추고는 왕비와 간통한 뒤 칸다울레스 왕을 암살하고 왕위를 찬탈해 스스로 리디아의 왕이 된다.

이는 타소스섬 사람[40])이 한 말이라네. 하지만 다른 사람, 가령 키오스섬이나 갈라티아나 비티니아 주민을 예로 들어 보세. 이런 시민들은 인정이나 신용을 얻은 데 만족하지 않네. 그들은 귀족의 옷을 입지 못한다고 한탄하네. 만약 입는다면, 아직 로마 집정관이 되지 못한 것을 한탄하네. 집정관이 되면 이번에는 총독이 되지 못한 것을 한탄하네. 총독이 되면 제일 먼저 되지 못하고 두 번째로 되었다고 한탄하네. 이런 식으로 스스로를 벌하고 단죄하는 것은 행운에 감사하지 않을 핑계를 쌓는 것이 아닌가? 그러나 헤아릴 수 없이 숱한 사람들을 내려다보는 태양 아래서일망정 구원에 대한 생각을 품고 있는 사람이라면,

　넓고 넓은 세상의 가을걷이를 하는 우리 모두는[41])

세인 중 혹자보다 자기가 가진 영예나 부가 적을까 봐 걱정하지 않네. 그런 사람은 처지가 그렇다고 눈물과 절망에 빠져 좌절하고 있어서는 안 된다고 여기지. 그는 다른 많은 사람보다 자기가 훨씬 더 합당하고 유복

하게 산다고 말한다네. 그리고 자신의 선한 수호신과 운명을 축복하면서 현자로서 갈 길을 간다네. 올림픽 경기에서는 적을 선택함으로써 승리하는 것이 가능하지 않지만, 실제 인생에서는 우리가 브리아레우스[42]나 헤라클레스의 경쟁자라고 나서지 않는 한 수많은 사람보다 자신이 우월하다거나 남들의 무시보다는 선망을 받는다고 자랑할 만한 일이 일어난다네. 그럴진대 자네는 눈을 내리깔고 감히 가마를 올려다보지도 못하며 가마를 탄 누군가가 자네보다 우월하다고 매번 감탄하려는가. 또 배다리로 헬레스폰트 해협을 건너는 크세르세스 왕[43]이 행복하다고 생각될 땐 채찍질을 당하며 아토스산에서 굴을 파는 그 주민들을, 폭풍에 다리가 끊겼다고 귀와 코가 잘린 그들을 보게나. 그러면 그들이 자네와 같은 삶과 행운을 얼마나 누리고 싶어했는지를 마음속에서 읽을 수 있을 걸세. 소크라테스는 한 친구가 키오스섬에서 생산한 포도주가 광산 하나만큼이나 값이 비싸고 적포도주는 광산 세 개쯤 합친 값이며 꿀 한 되는 5드라크메*라고 아테네인에게 말하는 소리를 듣더니, 그 길로 친구의 팔을 잡아끌고 곡물 시장으로 갔네. "자, 한 푼만 주면 반 되나 살 수 있네! 도

---

* 고대 그리스의 화폐 단위.

시는 물가가 싸거든!" 그러더니 또 올리브 시장으로 데려갔네. "한 됫박에 반 푼이면 되네! 도시는 물가가 싸니까!" 따라서 우리는 누군가가 우리의 조건이 아주 열악하다고, 왜냐하면 우리는 총독도 지방관도 아니기 때문이라고 하면 이렇게 대꾸할 권리가 있네. "우리의 운명은 아주 훌륭하네. 우리의 삶은 남이 부러워할 만해. 왜냐하면 우리는 구걸해야 할 처지도, 무거운 짐을 나를 처지도, 아첨해서 밥을 빌어먹을 처지도 아니니까."

## 11. 남 보기에 더없이 화려하기만 한 행운에 뒤따르는 괴로움을 생각해 보라

하지만 우리는 어리석게도 어느덧 자신보다 남에게 더 신경 쓰는 습관이 들었네. 남을 시샘하고 부러워하는 본성 때문에 자신이 가진 것을 누리기보다 남이 가진 것을 보고 안타까워하네. 그러니 자네가 부러워하고 감탄하는 남의 행운에 덧씌워진 뭔가 화려하고 자랑스러운 치장만 보지 말게나. 그것을 덮은 일종의 꽃무늬 포장지를 벗겨 버리면, 얼마나 큰 비참과 역겨

움이 그 밑에 감춰져 있는지 보일 것이네. 뛰어난 용기와 현명함과 정의로움으로 이름난 피타코스[44]는 어느 날 손님들과 함께 식사를 하고 있었네. 그런데 갑자기 피타코스의 부인이 들이닥치더니 화를 내며 식탁을 뒤집어엎었네. 이에 손님들은 경악을 금치 못했지. 그런데 피타코스가 손님들에게 말했네. "우리에겐 각자가 감당해야 할 불행이 있는데, 나 정도면 그래도 행복한 셈이네."

> 광장에서 남들이 아주 행복하다 판단한 사람,
> 그에게 불행이 닥치면 이는 세 배의 불행.
> 집에 가면 아내가 마음대로 하며 나가라 해서 항상 다툰다네.
> 숱한 이유로 그는 괴로워하는데, 나하고는 전혀 상관이 없네.[45]

그렇다네. 부나 영광이나 왕권에는 수많은 슬픔이 결부되어 있네. 하지만 천박한 사람에겐 그런 것이 보이지 않지. 왜냐하면 이런 슬픔은 오만의 연기에 덮여 있기 때문이라네.

오, 행복한 아트레우스의 아들이여,

신들과 운명도 그대를 아끼나니![46]

무기와 말과 주변에 배치된 군사 등으로 이뤄진 행복이란 너무도 외적인 것이네. 안에서는 시련의 목소리가 이에 저항하며 이렇게 헛된 겉모습을 부정하네.

크로노스[47]의 아들 제우스는

내게 짓누르는 불행의 올가미를 씌우지 않으셨네![48]

또 이런 말도 있네.

노인이여, 그대는 행복하여라.

아무런 위험도 없이 이름도 영광도 없는 삶을

건너가는 자는 행복하도다.

그런 사람이 나는 부럽도다.[49]

그러니 이런 생각을 해 본다면, 남이 소유한 것에

감탄하면서도 막상 자신의 상황은 낮게 평가하거나 무시하는, 그 운명에 대한 불만을 떨쳐 버릴 수 있네.

## 12. 욕망을 절제하고 자기 힘이 닿지 않는 것은 시도하지 말라

마음의 평온에 큰 장애가 되는 것은 우리 능력에 맞게 충동을 돛처럼 붙들어 매지 못하고 목표를 욕심대로 너무 높이 설정하는 것 그리고 실패 앞에서 운명과 행운을 탓하고 자신의 우매함을 탓하지 않는 거라네. 만약 어떤 사람이 쟁기로 화살을 쏘려 한다든가 황소에 올라탄 채 산토끼 몰이를 하려 한다면 "그것 참 큰일이다"라고 하지 않겠나. 물고기 잡는 그물로 사슴을 잡지 못했다 하여 악의 수호신이 우릴 박해한다고 느끼진 않네. 다만 불가능한 일을 시도한 만큼 그 어리석음과 광기에 화를 낼 뿐이지. 하지만 이런 나쁜 버릇, 모든 면에서 남보다 앞서야만 직성이 풀리고 자기주장에 근거를 대며 만족할 줄 모르고 생명을 마구 죽이는 것은 바로 자존심 때문이라네. 그런 사람은 돈도 많고 말도 잘하고 몸도 튼튼하고 좋은 친구가 되고 정도 많고 왕의 총애도 받고 그 도시의 총독도 되고 싶어할 뿐만 아니라, 가장 용감한 개, 말, 메추라기, 수탉을 소유하고 있지 않다고 절망한다네. 그 옛날 디오니시우스[50]는 자신이 그 시대의 폭군 중 가장 권력이 세다는 것만으로는 성이 차지 않았네. 그는 시인 필록세누스보다 시를 잘 쓰지 못해서, 토론에서 플라톤을 능가하지 못해서 미칠 듯이 화가 났네. 그래서 필록세누스를 채석장에서 일하도록 라토미아로, 플라톤은 에기나섬으로 보내 버렸지. 알렉산드로스대왕은 이런 약점을 보이지는 않았네. 유명한 달리기 선수였던 크리손이 승리의 공을 일부러 자신에게 돌리는 듯하자, 그는 크게 화를 냈네. 호메로스의 글에서 다음과 같은 말을 한 영웅 아킬레우스에게 감탄을 보내도록 하세나.

이대로의 내 모습이라면, 청동 갑옷을 입은
아카이아인* 중 그 누구도 나와 맞먹지 못할지니.[51]

아킬레우스는 또 이런 말도 덧붙였다네.

전투에서 그렇다는 소리다. 물론 조언자로서라면

---

* 기원전 2000년 무렵 그리스에 남하하여 테살리아에서 펠로폰네소스에 이르는 지역에 정착했던 그리스인. 기원전 16세기 무렵부터 고도로 발달한 미케네문명을 이룩했다.

다른 사람이 더 낫겠지만.

페르시아인 메가비주스 장군은 아펠레스[52]의 작업실에 올라가 그림 이야기를 하려 했네. 아펠레스는 그에게 손가락을 입에 대라 하더니 말했네. "자네는 잠자코만 있으면 황금 보석을 주렁주렁 달고 온몸에 자줏빛 천을 두른 모습이 대단하게 보이네. 하지만 이제는 붉은 벽돌을 부수는 아이들조차 자네가 내뱉는 어리석은 말을 조롱하네." 스토아학파 철학자들이 그들의 현자는 신중하고 정의롭고 용감하다고 말할 때뿐만 아니라 웅변가요 장군이요 시인이요 부자요 왕이라고 할 때도, 그게 짐짓 놀리는 말이라고 생각하는 사람도 있다네. 그렇지만 그들은 실제로 이 모든 품성을 갖고 싶어하는 것이라네. 그런 품성을 갖지 못하면 스스로 서운해한다네. 그런데 신들은 각자 특별한 소임을 갖는 데 그친다네. 신 중에 어떤 신은 에니알리오스(전쟁의 신)라 불리고, 어떤 신은 만테이오스(신탁의 신)라 불리며, 또 어떤 신은 케르두스(탈것의 신)라 불리네. 그리고 전쟁의 공훈이 없는 아프로디테는 제우스가 지상의 결혼과 신방新房을 관장하라고 보냈다네.

## 13. 자신을 알고 본성에 억지로 무엇을 강요하지 말라

서로 잘 어울리기보다는 배타적인 활동이 있네. 예를 들어 실제로 웅변술을 익히고 지식을 얻으려면 안락함과 여가가 필요하네. 반대로 왕의 정치적 기량과 친교는 바쁜 일과와 음모 속에서 달성될 수밖에 없지. 포도주와 고기 위주의 식이요법을 하면 몸은 기운차고 튼튼해지지만 마음은 약해진다네. 부지런히 노력해 돈을 벌고 그 돈을 지키기 위해 지속적으로 집중하면 부가 늘어나지만, 부에 대한 무관심과 멸시는 철학의 중요한 자량資糧이 된다네. 그러니까 어떤 일이든 누구에게나 다 맞는 것은 아니네. 델포이 신전에 적힌 말대로, 우리는 스스로를 알고 난 뒤에 단 한 가지 일, 즉 타고난 소질에 맞는 일에 전념하는 법을 배워야 하네. 하지만 어떤 때는 이런 종류의 삶, 또 어떤 때는 저런 종류의 삶을 왔다 갔다 하면서 열정을 쏟아 본성을 어지럽히는 일은 하지 마세나.

말은 마차에, 소는 써레에 매여 있다.

배를 따라 가장 빠르게 헤엄치는 것은 돌고래,

멧돼지를 잡으려면 끈질긴 사냥개가 있어야 한다.[53]


    산에서 자란 덩치 좋은 사자인 동시에 부유한 과부 품에서 자란 귀여운 몰티즈 강아지가 될 수 없다는 사실에 괴로워하고 화를 내는 사람은 정신 나간 사람이네. 만약 동시에 엠페도클레스[54]이자 플라톤이자 데모크리토스[55]가 되길 원하고, 세계와 사물의 본성에 대해 글을 쓰고자 하는 동시에 유포리온[56]처럼 돈 많은 노부인의 애인으로 행세하려는 자가 있다면, 그는 메데이오스[57]가 그랬듯 알렉산드로스대왕의 식탁에서 벌어지는 유흥에 함께하는 것이 더 현명할 것이네. 그런 자는 이스메니아스[58]처럼 가진 것이 많은데도, 그리고 에파미논다스처럼 덕성이 높은데도 남의 찬탄을 받지 못한다고 성내거나 괴로워하네. 하지만 달리기 선수가 어디 투사의 월계관을 차지하지 못했다고 절망하던가? 그들은 스스로 얻은 결과만으로도 충분히 영광을 누리고 만족할 줄 안다네. "스파르타는 자네 손에 들어왔다. 스파르타를 다스리라." 솔론[59]은 이런 시도 썼다네.

절대로 미덕을 선善과 교환하지 말게.

미덕만이 안정성 있는 것.

선은 이 사람 저 사람에게로 넘어가고,

이 손 저 손 차지가 되네.

자연 연구에 몰두했던 철학자 스트라톤[60])은 메네데모스[61])에게 자기보다 제자가 훨씬 많다는 말을 듣고 물었다네. "기름으로 몸을 문지르는 것보다 물에 몸을 담그는 것을 더 좋아하는 사람이 많다면, 이것이 놀라울 게 무엇인가?" 아리스토텔레스는 안티파트로스[62])에게 이렇게 써 보냈다네. "알렉산드로스대왕이 수많은 사람을 마음대로 다스린다 하여 그에게만 자랑스러워할 권리가 주어지는 것은 아니다. 신에 대해 인간이 가져야 할 생각을 얻은 사람에게도 이와 똑같은 특권이 주어진다." 이처럼 자신의 조건을 존중할 줄 아는 사람은 주변 사람들의 조건을 부러워하는 마음 때문에 흔들리지 않을 것이네.

여기에 무슨 말을 더하겠는가? 우린 포도나무에 무화과가 열리거나 올리브나무에 포도가 열리길 바라지는 않는다네. 하지만 자신에 관한 일일 때는 부나 언변이나 군사 지식이나 철학이나 아첨이나 솔직함이나 알뜰함이나 씀씀이에서 동시에 모든 특권을 가져야 하네. 그렇지 않다면 자신에게 제대로 보답하지 않는 셈이며 자신의 운명을 함부로 말하는 셈이고, 마치 앞으로 불충분하고 결함 있는 삶을 살아야 한다는 선고를 받기라도 한 듯 자신을 멸시하는 셈이네. 좀 더 나아가 보세. 맡은 임무를 다하라고 자연이 인간에게 환기하는 것이 눈에 보이지 않는단 말인가? 자연이 각기 다른 동물을 각기 다른 방식으로 먹여 살리듯, 모든 동물이 고기나 열매나 뿌리만 먹고 살지 않듯, 자연은 각양각색의 인간에게 다양한 생존 수단을 주었네.

새 사냥꾼이나 양치기나 농군이나
바다에서 식량을 얻는 사람이나[63]

각자에게 맞는 일을 골라 유일한 직업으로 삼고 나머지는 상관하지 말라고 헤시오도스가 말할 때, 굳이 그 말이 진실에 못 미친다는 것을 입증하지 말아야 하네.

옹기장이는 옹기장이를 싫어하고

대장장이는 대장장이를 싫어하네.

아닌 게 아니라 직업이 같은 사람이나 조건이 같은 사람끼리만 서로 시기하는 것은 아니라네. 부자는 현자를, 유명인은 부자를, 궤변론자는 변호사를 시샘하네. 아, 자유인과 귀족은 제우스조차 부러워하는 무대 위에서 박수를 받는 배우, 왕의 궁정에서 일하는 음악가와 노예를 질투한다네. 그들은 이런 사람들에게 넋을 잃고 감탄하며 좋겠다고 하지만, 정작 본인들은 서글픔과 한없는 번잡함을 느낀다네.

## 14. 앞날을 예측하려 말고 현재를 즐기라

누구나 자기 안에 만족과 불만의 저장소를 가지고 있다네. 제우스의 신전 문턱에만 선과 악이 담긴 두 개의 병이 있는 건 아니라네. 우리는 다양한 마음 상태로 충분히 그 둘을 구분해 낼 수 있네. 깊이 생각하지 않는 사람은 항상 미래에 골몰해 앞날만 내다보느라 지금 손에 들어온 이득을 대단찮게 보고 무시한다네. 반대로 생각 있는 사람은 과거 기억에 충실해, 이제 더는 갖

지 못하는 좋은 것을 누렸던 기억을 오래 간직할 줄 아
네. 현재란 아주 잠깐 동안만 손에 잡혔다 바로 누릴 수
없게 달아나 버리는 것인지라, 생각 없는 사람에게는
이것이 우리를 위한 것도, 우리에게 속한 것도 아닌 듯
보이네. 마치 사람들이 하데스의 영역(지옥)에 걸린 밧
줄을 색칠하고는 당나귀가 그 줄을 최대한 빨리 뜯어
먹게끔 놔두는 광경을 보는 듯하네. 대부분의 사람들
이 보는 그림이 이렇다네. 바보 같고 배은망덕한 망각
이 과거를 빨아들이고 모조리 삼켜 버리네. 모든 과거
의 행동, 성공, 만족스러운 여가, 사회생활 등을 다 없
애 버리는 것이지. 그리고 현재와 얽혀 있는 과거로부
터 기인하는 삶의 통일성을 깨뜨리네. 그들이 보기에
어제의 삶은 오늘의 삶과 다른 것 같네. 하지만 내일의
삶 또한 오늘의 삶은 아니네. 이 셋은 서로 분리된 삶이
지. 그리고 무슨 일이 일어나면 즉시 잊고 모든 일을 무
無로 깊이 밀어 넣어 버리네. 모든 것의 성장을 부정하
며 물질은 끊임없이 무너지고 있다고만 주장하는 유파
의 철학자는 이론상 우리 모두를 우리 자신과 계속 다
른 존재로 만들고 있는 셈이지. 하지만 과거의 추억을
회상하지도 못하고 그저 스러지게끔 내버려 두는 자는

날마다 더욱더 가진 것 없는 텅 빈 존재가 되고, 내일에 기대어 사는 존재가 된다네. 왜냐하면 지난해, 엊그제, 어제가 그들에겐 상관없고 자기 것도 아니기 때문이지.

## 15~17. 인간 조건의 무상을 생각하라

이는 마음의 평온을 흔드는 장애물이라네. 하지만 이보다 더 나쁜 장애물도 있지. 파리가 거울의 매끈한 표면 위로 미끄러지면서도 우툴두툴하고 죽죽 줄이 간 곳에 다리를 단단히 붙이는 것처럼, 종종 우리는 행복하고 유쾌한 것은 그냥 지나치고 기분 나빴던 기억에만 달라붙는다네. 아니면 올린투스[64]에 서식하는 풍뎅이가 이른바 '풍뎅이의 무덤'이라 불리는 구멍에 일단 빠지면 끊임없이 뱅뱅 돌기만 하다 끝내 죽어 버리듯 나쁜 기억에만 몰두하는 이 비관주의자들은 심연에서 기어 나와 조금이라도 숨을 돌릴 생각은 하지도 않는다네. 그림에 색칠을 할 때처럼 오직 화려하고 반짝이는 구경거리만 마음속에 떠올려야 할 것이네. 잿빛인 것은 감추고 억눌러야 하네. 그걸 완전히 지워 없앨 수는 없으니 말일세. 리라나 활의 조화처럼 세상의 조화도 서로 어울리지 않을 듯한 것들로 이뤄져 있네. 세상일에 완전히 순수하게 아무것도 섞이지 않은 것은 없다네. 음악에 장중한 음조와 날카로운 음조가 있듯이, 또 문법에 모음과 묵음이 있듯이 말일세. 그러나 음악가와 문법학자는 이러저러한 음조나 이러저러한 문자를 배제하지 않고 그 모두를 쓰임에 맞게 사용하고 구성하려 애쓰지. 마찬가지로 모순으로 가득 차고, 에우리피데스의 말처럼

선과 악이 따로 떨어질 수 없고
모든 것이 함께 어우러져 있을 때 완벽해지는

것이 세상일진대, 그 이면을 보고 낙담하거나 투쟁을 단념해서는 안 되네. 음악가가 그러하듯 우리는 항상 가장 낮은 음표를 가장 높은 음표와 조화롭게 배치하고 나쁜 것을 좋은 것으로 잘 포장해 삶이 조화로운 연주회가 되도록, 그리하여 우리를 만족시키도록 해야하네. 왜냐하면 메난드로스가 말했듯이

누구나 태어나면서부터 삶의 수호신이나 안내자인
정령의 보호를 받는

것은 아니기 때문일세.

차라리 엠페도클레스의 주장, 즉 사람은 세상에
태어날 때 이중의 운명, 그러니까 두 정령에게 사로잡
혀 그 명령을 받는다는 말이 맞네.

크토니아와 예리한 헬리오페,
다혈질인 데리스와 진지한 하르모니아,*
미와 추, 빠름과 느림,
사랑스러운 확신과 컴컴한 어두움이 다 여기 모여
있었다.

### 16.

그래서 이 정령은 우리가 태어날 때 갖가지 정념
이 섞인 씨앗을 우리 안에 뿌려 놓는데, 그 결과 본성에
지나친 혼란이 생겨나게 되네. 최상의 것만 바라는 사
람도 최악의 사태를 각오하고, 지나친 것을 피하며 최

---

\* 데리스는 '불화'의 다른 이름, 하르모니아는 '조화'라는 뜻
이다.

고의 것과 그에 버금가는 것을 행사하게 마련이네. 에
피쿠로스의 말에 따르면, '내일이 아예 오지 않기를 바
라거나 혹은 내일이 오는 것을 누구보다 기꺼워하는
이들'이 이런 사람들은 아니라네. 부나 영광, 권력, 권
위를 가장 기꺼워할 사람이 누군지 아는가? 바로 반대
요소를 두려워하지 않는 사람이라네. 매사에 욕망이
너무 크면 실망에 대한 두려움도 커져 현재 누리는 것
이 미약하고 불확실하기만 하네. 마치 바람에 흔들리
는 불꽃같이 말이지. 반대로 지혜가 많아서

> 나는 그대의 호의도 받아들이며, 그대가 내게 이롭지
> 않대도 별로 두려워하지 않는다[65]

라고 운명 앞에서 단호하게 두려움 없이 말할 수 있는
이는 확신을 갖고 있기에, 또 그 확신 덕분에 참을 수
없는 손실을 덜 두려워할 수 있기에 현재를 더욱더 즐
기는 것이라네. 아낙사고라스[66]의 단호함에 우리는 박
수를 보내네. 자기 아들이 죽었다는 걸 알고도 그는 이
렇게 소리쳤다네. "내가 낳은 것이 언젠가는 죽을 운명
인 인간임을 나는 잘 알고 있었노라." 이는 감탄할 만

한 본보기일 뿐 아니라 따라야 할 본보기이기도 하네. 그는 좋지 않은 사건이 일어날 때마다 플라톤의 표현을 빌려 "나는 내 운명이 덧없고 순탄치 못함을 안다. 나는 내게 짐을 지운 자들이 그걸 앗아 갈 수도 있음을 안다. 나는 내 아내가 빼어나지만 그저 여자일 뿐이라는 사실을 안다. 그리고 내 친구가 본성상 이랬다 저랬다 하는 남자임을 안다"라고 말했네. 이처럼 마음의 준비가 되어 있을 때는 원치 않는 사건이 일어나더라도 뜻밖의 사건은 아니라네. 따라서 "이럴 줄 몰랐어!"라거나 "이와는 다른 것을 바랐어"라거나 "내가 기대한 것은 이런 게 아니었어!"라는 말을 할 이유가 없네. 이런 말을 하지 않으면 심장이 요동치고 두근거리는 일을 피할 수 있지. 마음의 순간적인 무질서와 혼란은 곧 진정된다네.

카르네아데스[67)]는 중요한 일은 항상 뜻밖에 닥친다는 점이 고통과 낙담의 원인이 된다고 말했네.* 그러니까 마케도니아왕국도 로마제국의 면적에 비하면 아주 미미한 권력일 뿐이지만, 그렇다 하여 페르세우스[68)]가 마케도니아 땅을 잃었을 때 자기의 불행한 운명을 한탄하지 않은 것은, 또한 누가 보나 가장 불운하고

---

* 스토아학파 철학자들은 운명상 어떤 일이 일어날지 다 예기해야 한다. 그것이 그 사태를 이기는 최선의 방법이다.

억울한 사람으로 비치지 않은 것은 아니었네. 반대로 페르세우스를 무찌른 승리자, 땅과 바다의 절대권을 남에게 넘겨주고 자기는 화관을 쓰고 신들에게 헌신한 루키우스 아에밀리우스 파울루스[69]가 운 좋은 인간으로 보인 것은 맞네. 그 이유는 이 집정관이 자신의 권력은 어디까지나 도로 내어 주기 위한 것일 뿐이며, 군주도 언젠가는 부지불식간에 권력을 잃으리라는 것을 알았기 때문이네. 이 의외의 효과에 대해 호메로스는 딱 들어맞는 교훈을 준다네. 오디세우스는 기르던 개가 죽자 비통하게 눈물을 흘리네. 하지만 펑펑 우는 아내 페넬로페 곁에 앉아서는 슬픈 감정을 전혀 드러내지 않지. 이성으로 자신을 다잡고 미리 준비된 남자처럼 행동했던 거네. 반면 주인에게 충실했던 개의 죽음은 그에게 충격을 준 뜻밖의 일격이었던 거라네.

**17.**

보통 우리가 전혀 원치 않는 일은 두 가지라네. 하나는 본질적으로 우리에게 고통을 주며 우리를 힘들게 하지. 다른 하나는 대부분의 경우 우리에게 나쁜 면을 받아들이는 습관을 들이라고 가르친다네. 이 점에서 항상 마음속에 메난드로스의 이런 시구를 간직함이 쓸 모없지는 않을 걸세.

그대에게 닥치는 나쁜 일은 그대가 그걸 믿지
않는다면 나쁜 일이 아니다.

만약 육체와 영혼이 나쁜 일에 영향받지 않는다면 무엇에 영향을 받겠는가? 여기서 나쁜 일이란 비천한 태생의 아버지 혹은 아내의 부정不貞 혹은 어떤 상이나 우선권을 잃는 일 따위를 말하네. 어떤 사람에게 이런 일이 없다 하여 과연 그가 심신을 온전히 보존하지 못했다 할까? 질병, 피로, 친구와 자식을 잃음, 이렇게 본질상 매우 괴로울 듯한 일, 이런 시련에 대해 우리는 에우리피데스의 이 시구를 갖다 댈 것이네.

아아! 웬 탄식인가? 인간의 법칙이 워낙 그러한 것을.

사실 정념의 무게 아래 주저앉고 비틀대는 영혼을 단단하게 만들어 주는 데 우리 본성에 공통된 필요성을 다시 환기시키는 것보다 더 적절한 방법은 없네. 사람은 육체로 인해 드러난 곳에만 운명의 일격을 맞는 법이라네. 하지만 설령 운명의 일격을 맞는다 해도 우리 존재의 더없이 중요하고 고귀한 부분은 그대로 남아 끄떡도 하지 않네. 데메트리오스[70]는 메가라[71]를 점령하고 나서 스틸폰에게 뭐 도둑맞은 것은 없냐고 물어보았네. 스틸폰은 대답했네. "아무도 앎을 가져가는 것은 보지 못했습니다." 그런가? 운명이 그 나머지를 모두 앗아 가 버린다 해도 우리에겐

아카이아인이 결코 약탈하지 못할
우리 안의 보물이 있으니 말이오.[72]

그러니까 우리는 자신의 조건을 모독하고, 마치 강력하고 지속적인 공유점은 아무것도 없다는 듯이, 운명을 지배하는 것은 하나도 없다는 듯이 우리 조건을 정도 이상으로 낮춰 보지 말아야 하네. 반대로 인간에게 아무 소용 없고 스러질 수 있는 부분은 역경의 충격을 받아 내는 부분보다 적다는 것을 확실히 알아 두세. 우리는 자신의 제일 좋은 부분을 마음대로 할 수 있

네. 가장 소중한 재산, 즉 미덕을 목표로 하는 정직한 믿음과 학문과 연구가 그런 것이네. 이는 본질적으로 소외될 수도 없고 부패할 수도 없는, 시련이 닥쳐도 우리를 무적의 존재로 만들어 우리에게 자신감을 불어넣는 자산일세. 그래서 우리는 운명을 향해 소크라테스가 자기를 고소한 아니토스와 멜레토스에게 한 것 같지만 사실은 재판관들에게 한 "아니토스와 멜레토스는 나를 없앨 수는 있지만, 내 행동을 잘못됐다 할 수는 없다"[73]라는 말을 하는 것이네. 사실 운명이 질병을 일으키고 재산을 앗아가고 백성이나 왕이 나를 나쁘게 보도록 할 수는 있네. 하지만 나쁜 사람, 비겁한 사람, 사악하고 인정머리 없는 사람, 남을 시기하는 사람을 결코 덕성스럽고 단호하고 마음 넓은 사람으로 만들 수는 없네. 바다에서 배를 모는 사람의 지식보다 우리 삶을 구하는 데 더 많은 영향을 미치는 이 다행한 처지를 운명이 아무렇지도 않은 처지로 만들 수는 없단 말이네. 사실 배를 모는 사람이 마구 날뛰는 파도와 바람을 잠재울 수는 없네. 이는 상륙하길 원한다고 바로 항구가 발견되는 게 아니고, 대담하게 전혀 떨지 않는다고 몰아치는 폭풍우가 잠잠해지는 게 아닌 것과 마찬가지

네. 절망하지 않는 한 그는 가진 기술과 방법을 다 동원
하게 되어 있네.

돛대 맨 아래에 돛을 붙들어 매고
그는 바다의 어둠을 피해 보려 한다.

성난 파도가 덮쳐 오면 그는 몸을 덜덜 떨며 바짝
엎드린다네. 하지만 현자의 마음가짐이 심지어 그의
몸도 완벽하게 침착하도록 해 주지. 종종 그 마음가짐
덕분에, 또 절도 있게 생활하고 간소하게 식사하는 덕
분에 그는 병에 걸리지 않네. 설혹 바깥에서 시련이 찾
아온다 해도 그건 마치 지나가는 심한 바람 같기만 하
네. 현자는 아스클레피아데스[74]의 말처럼 돛의 활대를
유연하고 길게 늘여 이 시련을 벗어난다네. 끝으로 설
령 이 현자가 불의의 습격에 깜짝 놀라 더 이상 상황을
제압하지 못한다 하더라도 포구가 멀지 않네. 그는 물
이 들어찬 작은 배를 버리듯 얼마든지 몸을 던져 헤엄
칠 수가 있네.

## 18. 미덕을 간직하라

어리석은 사람은 삶에 대한 욕구보다는 죽음에 대한 두려움에 더욱 골몰한다네. 그는 오디세우스가 카리브디스*의 심연이 두려워 야생 무화과나무에 매달리듯 그런 것을 꽉 붙들고 매달린다네.

바람 때문에 가만있지도, 이리저리 돌아다니지도
못하는 이곳.[75]

그러면 이런 사람에게 삶이란 추한 것이 된다네. 이는 죽음에 대한 두려움이나 마찬가지네. 하지만 죽음이 삶보다 더 나은 상태라거나 적어도 더 나쁜 상태는 아니라는 것을 깊이 성찰하는 영혼의 본성에 관해 조금이라도 생각해 본 사람이라면, 이처럼 죽음을 가볍게 보니 삶 앞에서는 평온의 큰 자량을, 죽음 앞에서는 확신을 양손 가득 지닌 셈이네. 사람이 미덕과 자신의 좀 나은 부분을 부각해 넉넉하게 살 수 있을 때, 한

---

* 그리스신화에 나오는 바다 괴물로, 시칠리아 앞바다의 큰 소용돌이를 가리킨다. 이곳을 지나가는 선원들에겐 피할 수 없는 위험인데, 카리브디스를 피하려면 큰 바위 형상을 한 바다 괴물 스킬라 가까이 가야 한다. 오디세우스는 이곳을 지나야 했을 때 카리브디스 쪽으로 가다가 선원을 다 잃느니 스킬라 쪽으로 지나감으로써 선원 몇 명만 잃는 쪽을 택한다.

편으로 본성상 낯설고 어찌해 볼 수 없는 악에 마주쳐 두려움 없이

내가 원하기만 하면 신이 나를 자유롭게 하리라[76]

라고 하며 그 자리에서 떨쳐 일어설 수 있다고 느낄 때, 갑자기 닥치는 일이 도무지 거슬리지도 않고 그 때문에 화나거나 마음이 흔들리지도 않을 것 같은가? "아, 운명이여! 내 이미 예고했노라, 그리고 그대가 어떤 우여곡절로 다가오든 난 피할 수 있노라"라고 말한 사람[77]은 자물쇠나 열쇠, 성채를 믿은 것이 아니라 그에 의거하려는 사람이라면 얼마든지 사용 가능한 이성과 원칙을 믿은 것이라네. 그러니 우리가 이야기할 수 있는 이런 것 중 어느 것도 부인하거나 믿기를 마다하지 말아야 하네. 개인적으로 그런 것이 있음에 감사하고 자잘한 시련을 만나면 스스로를 관찰해, 혹 더없이 커다란 시련을 만나더라도 도망치거나 "아마 이보다 더 지독한 건 없을 거야"라는 생각 속으로 도피함으로써 작은 시련에서 잃지 말아야 할 노력을 마음에서 지워 버리지 말아야 한다는 것이네. 왜냐하면 훈련의 적이라

할 나른함과 심약함은 이렇게 '될 대로 되라'는 마음에서 나오기 때문이네. 이런 마음이 있으면 언제나 더없이 단순한 일도 소홀히 하고 마음에 거슬리는 일을 외면하고 신나는 쾌락에 자연스레 쏠리게 되지. 하지만 질병, 피로, 유배 같은 것을 철저히 마주함으로써 단단해지고 스스로를 강하게 단련한 사람은 시련이 올 때마다 이성의 도움을 받아 이렇게 지독하고 무서워 보이는 것 속에도 그릇됨, 텅 빔, 무너짐이 얼마든지 존재한다는 사실을 알아챌 것이네. 게다가 그때마다 이성적으로 따져 보면 이를 알 수 있다네.

## 19. 죽음을 전혀 두려워하지 말라

메난드로스의 이 시구를 읽고 벌벌 떤 사람이 많다네.

살아 있는 한 누가 말할 수 있을까, 그런 일은 내겐
일어나지 않을 거라고.

그런 사람은 직면한 운명을 직시하는 연습을 하

고, 스스로 그늘 속에서 헛된 희망을 키우고 항상 굴복만 하고 무엇에도 저항하지 않는 사람처럼 별로 낯익지도 않고 실속도 없는 상상을 키우지 않는 것이 낙담을 면하는 얼마나 강력한 구원인지를 모르는 셈이지. 그럼에도 우리는 메난드로스의 이런 시구로 답할 수 있다네.

생전에 그런 일은 내게 일어나지 않을 거라고 말할 수는 없다.

그렇다네. 하지만 이렇게 말할 수도 있네. "생전에 나는 이러이러한 일을 할 것이다. 즉 생전에 거짓말하지 않을 것이며, 간계를 부리지도 않을 것이며, 도둑질하지도 않을 것이며, 음모를 꾸미지도 않을 것이다." 이는 우리가 지킬 수 있는 일이며, 평온에 이르는 별 볼일 없는 방법이 아니라 가장 확실한 방법이네. 그 정반대 효과에 의한

자기가 대단한 실수를 범했다는 것을 아는 느낌[78]

은 온 마음에 상처를 남겨, 마치 피부에 흉터가 남아 항상 따끔거리는 것처럼 느끼게 되네. 다른 슬픔은 이성의 조언을 받아 없앨 수 있다지만, 회한의 고통은 바로 그 이성의 추론에 의해 생겨나는 것으로서 마음에 상처를 남기지. 따라서 그 상처 때문에 마음이 더 괴로운 자신에게 고통을 가하는 셈이네. 지속적이거나 간헐적인 떨림 혹은 열이 외부 요인으로 인한 과도한 추위나 더위보다 더욱 심하고 고통스럽듯이, 운명이 주는 충격의 고통은 밖에서 오는 것이라서 좀 더 가볍게 견딜 수 있다네. 한마디로 하면 이렇다네.

이 불행은 오직 나 자신의 탓이다.[79]

이 정형구를 우리 자신의 잘못에 대한 무슨 애가哀歌처럼 읊조린다면 우리가 겪는 수치심은 더욱 심해지기만 할 뿐이네. 그러니까 조상 대대로 모은 부가 있어도, 황금 더미가 수북해도, 자기 인종에 대해 우월감이 있어도, 권력이 아무리 강해도, 언변이 아무리 유창해도 삶에서 순전히 나쁜 행동과 못된 의도를 말끔히 제거한 마음, 가장 정직한 행위만 솟아 나오는 투명한 샘이 늘 졸졸 흐르듯 나무랄 데 없고 순수한 행실만 보이는 마음, 매사에 열성을 쏟아 거기서 기쁨과 동시에 합법적인 자부심도 얻는 마음, 희망의 환상, 즉 핀다로스의 표현대로 하자면 '노년의 유모'라 할 추억으로 가득한 마음이 보장하는 것만큼 완벽한 평온과 침착함이 보장되지는 않네. 카르네아데스의 말대로 "향로를 비워도 향은 오래 남듯이, 아름다운 행동은 사라져도 마음에 언제나 기분 좋고 생생하고 현명한 생각은 남는 법"이네. 그런 생각으로 인해 기쁨은 더욱 생생해지고 활짝 피어나며, 삶에 대해 푸념과 모독만 늘어놓는 자, 이 세상이 참상으로 가득한 곳이요 자기 마음이 처박힌 유배지라고 말하는 사람을 무시할 수 있는 거라네.


## 20. 이 세상은 하나의 사원이며, 선한 사람에게는 삶이 무궁한 축제다

나는 또한 디오게네스의 이 말을 좋아한다네. 라케다이몬[80]에 있을 때 그는 집주인이 어떤 축제에 가려고 허겁지겁 채비를 하는 것을 보고 말했네. "미덕이 있는 사람에게는 매일이 축제가 아니겠습니까?" 우리가 정신을 똑바로 차리고 산다면 매우 화려한 축제겠지. 왜냐하면 이 세상은 웅장하고 신성한 사원이기 때문이라네. 인간은 태어나면서부터 그 안으로 인도되어 거기서 인간이 빚은 꼼짝 않는 상(像)들을 바라보는 것이 아니라, 플라톤의 말[81]처럼 순수 지성으로 파악 가능한 본질의 숱한 상, 즉 신들의 지성이 우리 시각에 제공해 주며 그 안에 나름의 생존 원칙과 운동 원칙을 가진 상을 바라보는 거라네. 이는 계속 신선한 물을 공급해 주는 해, 달, 별, 강, 그 표면에 자라는 모든 것으로 동식물에게 양식을 공급하는 대지를 말하는 걸세. 이러한 신비로 이끄는 길이요 그 신비를 완벽하게 보여 주는 삶은 응당 깊은 성찰에서 나온 기쁨으로 가득 차야 하네. 이 축제는 크로니아, 디오니시아, 판아테나이아*와 그 밖의 신들을 섬기는, 천박한 사람이 재미나 보려고 기다리는 그런 축제가 아니라네. 배우와 무용수가 비싼 대가를 받고 군중을 웃기는 그런 축제도 아니네. 그런데도 이런 축제에 우리는 깊은 생각을 갖고 진지하게 참석하네. 안내받는 동안 아무도 울지 않고, 피티아 제전**을 구경하거나 사투르날리아***에서

---

* 차례대로 크로노스를 기리는 축제, 주신(酒神) 디오니소스를 기리는 축제, 아테나 여신을 기리는 축제.
** 고대 그리스에서 아폴론을 기리는 의미로 거행되던 체육과 음악 시합. 주로 델포이 신전에서 4년마다 열렸다.
*** 로마신화에 나오는 농경과 계절의 신 사투르누스를 섬

단식하면서도 아무도 탄식하지 않는다네. 신들이 우리를 부르고 이끄는 축제는 이와 좀 다르기를! 사람들은 탄식하고 절망하고 고심하면서 실은 거의 계속해서 신들을 모독한다네. 인간은 악기의 조화로운 소리와 새의 날갯짓 소리를 듣고, 동물끼리 장난치고 뛰노는 것을 보기를 즐긴다네. 반대로 으르렁대고 포효하며 위협적인 아가리를 드러내는 사나운 동물은 싫어하지. 다른 한편으로 어둡고 황폐하며 늘 기분 나쁜 느낌과 난감함과 끝없는 걱정에 짓눌리고 들볶이는 삶을 눈앞에 보면서도 사람들은 잠시 쉬며 조용히 있을 틈을 내려 하지 않고, 설령 남들이 그러자 해도 남의 입을 통해 들려오는 이성의 목소리는 받아들이지 않네. 하지만 이런 말을 듣고 잘 이용할 줄만 안다면 현 상황을 나무랄 데 없이 활용할 수 있을 터이며, 과거의 기분 좋은 기억을 간직하고 미래가 그들 앞에 적절하고 화려한 희망의 색을 띠고 나타날 것이네. 그리하여 그들은 아무 두려움도 걱정도 없이 살게 될 걸세.

# 적에게서 이득을 끌어내는 법

## 1. 헌사: 정치적 행정, 적의와 증오의 풍부한 원천

코르넬리우스 풀케르[1]여, 자네가 나라를 다스리는 데 더없이 온건한 방법을 택했음을 나는 알았네. 공동체에 도움이 되고자 애쓰면서도 자네는 사적으로 탄원하는 이들에게 대단한 배려심을 보여 주었지. 물론 사나운 짐승이 전혀 없는 고장을 찾을 수는 있겠지. 특히 크레타섬 같은 곳이 그렇다고들 하네.* 하지만 행정을 맡은 사람이 경쟁자의 질투와 선망, 갈등―모두 다 적개심이 반영된 정념인데(게다가 다른 원인이 없으면 우정은 우리 마음속에서 적개심을 줄여 준다는 것이 현자 실론이 "친구도 없지만 적도 없다"고 자랑한 사람에게 질문하면서 밝힌 의견이었네)―의 대상이 되지 않는 것을 본 적이 있나? 내가 보기엔 국가를 다스리는 사람이 곰곰이 생각할 문제는 모든 면에서 본 적敵의

---

* 플루타르코스의 작품에는 이런 종류의 호기심 어린 일화를 예로 드는 경우가 무척 많다.

문제인 것 같네. 그리고 크세노폰의 "현자의 일은 적에게서 이득을 끌어내는 것이다"라는 말에 깊은 관심을 기울여야 하네. 그래서 내가 이 문제에 대해 최근 주장해 온 바를 정리해 자네에게 보내네. 가능하면 내가 쓴 저작 「정치적 조언」[2]에 있는 내용은 빼겠네. 왜냐하면 내 보기에 자네는 종종 이 글을 읽었을 테니까.

## 2. 적이 없을 수는 없으니, 거기서 이득을 끌어내야 한다.

원시인은 그들과 종이 다른 야생 동물의 발톱에 잡히지만 않으면 된다고 여겼고, 그러기 위해 맹수와 싸움을 벌였다네. 그러다 보니 그들의 자손도 맹수를 이용하는 법을 배우게 되었지. 게다가 그들이 짐승 고기를 양식으로 삼고 짐승 털을 몸에 걸치고 그 담즙과 초유를 약처럼 먹고 그 가죽으로 무장한 것은 짐승에게서 이득을 끌어낸 것이 아니겠는가? 따라서 만약 인류에게 맹수가 없었다면 인류의 삶은 훨씬 더 야생적이고 원시적이며 야만적이 되었을 공산이 크네. 보통 사람은 적의 악의를 예고하는 데 그치지만 크세노폰

말마따나 현자는 적에게서 이득을 끌어내니, 우리는 크세노폰의 말을 의심치 말고 적 없이는 못 사는 존재가 적에게서 모종의 이득을 얻어 내는 그 기술과 방법을 찾아보세나.

농부는 아무 나무나 열매 맺게 할 수 없고 사냥꾼은 처음 잡은 짐승을 단번에 길들일 수 없네. 그래서 농부는 식물의 불모성에서, 사냥꾼은 동물의 야생성에서 이득을 끌어낼 방법을 찾았네. 바닷물은 염분이 많아 마실 수 없네. 하지만 물고기는 그 물에서 살며, 바다는 항해자에게 어디로든 갈 수 있도록 해로를 열어 주는 일종의 운송 수단이 되네. 사티로스[3]가 처음 불을 보았을 때 신기해서 입을 맞추려다 그만 꺼뜨릴 뻔했지. 그러자 프로메테우스가 말했네.

염소 같은 턱수염, 나중에 자네는 그 수염을 잃은 것이 아까워 울게 될 걸세.[4]

불은 건드리면 더 거세게 타오르지만, 빛과 열을 내니 다룰 줄 아는 사람에게는 한없이 많은 용도로 쓰인다네. 마찬가지로 적도 잘 살펴보게. 나쁜 짓을 하고 도무지 어찌해 볼 도리가 없는 적도 알고 보면 쓸모가 많지 않나? 어떤 특별한 용도가 있지 않나? 이용할 만하지 않나? 살면서 일어나는 많은 일이 불쾌하고 증오스럽고 적대적이라네. 하지만 위중한 지병에 걸린 김에 조용히 쉬는 사람들을 우리는 생생히 보네. 또 견뎌야 할 시련의 왕국을 거치며 더욱 단단해진 사람도 많네. 반면 국가를 잃고 재산도 없어진 덕분에 오히려 부지런히 공부할 여가 시간을 얻어 철학을 하게 된 사람도 간혹 있다네. 디오게네스와 크라테스[5]의 예가 그렇다네. 그런가 하면 제논은 자기가 빌린 배가 난파했다는 소식을 듣고 이렇게 부르짖었다네. "운명아, 나를 다시 철학자의 길로 이끌었으니, 참 잘했다!" 위장이 더없이 튼튼하고 더없이 건강한 짐승도 마찬가지네. 이런 짐승은 뱀과 전갈도 다 삼켜 소화하지 않는가? 게다가 자갈과 조개껍데기를 위장의 힘과 열기를 이용해 영양분으로 바꾸는 종種도 있다네. 마르고 병적인 사람은 빵이나 포도주를 조금만 먹어도 게워 버리고 마는데 말일세. 이 말은 어리석은 사람은 우정도 잘못 다루는 반면, 현명한 사람은 적개심조차 자기 이득에 맞게 바꿔 놓을 줄 안다는 애기일세.

**3. 적이 우리의 행동을 관찰하고 있으니 몸조심해야 한다. 이렇게 조심하다 보면 알게 모르게 미덕이 습관이 된다. 경쟁심은 도덕적인 논쟁거리다.**

우선 적개심에서 우리에게 가장 해로운 부분이 조심만 한다면 현실에 가장 잘 이용할 수 있는 부분이 될 수 있는 것 같네. 어떻게 그럴까? 바로 적이 끊임없이 자네의 행동을 주시하고 있기 때문이지. 적은 조그마한 빈틈까지도 노려 자네의 생활을 다 지켜보며, 단지 린케우스*가 했듯이 "떡갈나무 틈으로" 보고 "돌과 기왓장 사이로 볼" 뿐만 아니라 자네의 친구, 하인, 모든 친지를 통해서도 지켜보다 가능한 한 자네의 행동을 급습해 자네가 하는 일을 망쳐 놓거나 결정하는 일의 깊이를 알아내려 하네. 종종 친구가 아프거나 지독한 고통을 겪는데, 우리는 때로 친구에게 무관심해 아무것도 모르곤 하지. 그런데 적에 관한 일이라면, 우리는 거의 그들의 꿈속까지도 추적한다네. 병이나 빚이나 부부 불화 같은 개인사를 그들의 측근이 오히려 그들의 적보다 더 쉽게 잊는다네. 하지만 특히 적이 집착하는 것은 결함이지. 적은 결함을 추적하고, 마치 독수

---

* 고대 그리스의 왕국 메세니아의 왕 아파레우스의 아들로, 사물을 꿰뚫어 보는 능력으로 아르고호 원정대에 합류하게 되었다. 땅속도 꿰뚫어 볼 수 있어 광맥 발굴도 했다.

리가 썩어 가는 시체 냄새에는 입맛이 당기지만 건강하고 건전한 냄새는 맡지 못하듯, 인생에서 나쁘고 사악한 부분에만 끌린다네. 실제로 우리를 싫어하는 사람들은 그런 일을 크게 부각하고 공격해 산산조각 내지. 그게 정말 쓸모 있는 일일까? 물론 그렇다네. 아마도. 그걸 알면 조심하면서, 스스로를 관찰하면서 서툴거나 가벼운 언행을 삼가고, 마치 엄격한 식이요법을 하듯 혹시 모를 비판을 경계하며 끊임없이 단속하게 되네. 이처럼 마음의 정념을 억압하고 비합리적인 일에 고삐를 죄며 신중하게 살다 보면, 매사를 걱정하게 되기 마련이며 덕성스럽고 흠 없이 살고 싶다는 생각을 하게 되지. 아닌 게 아니라 이웃 국가 간의 전쟁이나 지속적인 원정으로 평정된 도시민은 결국 선한 법률과 건전한 정치를 사랑하게 된다네. 마찬가지로 적 때문에 엄숙한 삶을 살며 경솔하고 태만한 삶에 저항하고 행동 하나하나마다 유용한 목적을 부여하지 않을 수 없는 사람들은 자기도 모르게 과오를 범하지 않게 되어, 평소 행동도 이성이 특별히 개입하지 않는 한 모범적인 규칙성을 얻게 된다네.

프리아모스와 그의 아들들에게는 이 얼마나 큰
기쁨인가!6)


    이런 생각을 늘 염두에 두면, 적이 즐거워하고 웃
을 만한 모든 것에서 다른 데로 주의를 돌리고 멀어지
게 된다네. 주신제酒神祭에 출연하는 예술가를 생각해
보게. 그들은 편안한 분위기에서 자기들끼리 무대에
있을 때는 긴장이 풀려 당돌한 언행도 하지만, 다른 극
단과 경쟁하거나 대회가 있으면 역할을 해석할 뿐만
아니라 악기도 조율해 서로 화음을 맞추고 피리 연주
에도 더욱 세심한 주의를 기울인다네. 따라서 적이 행
동이나 평판 차원에서 경쟁자라는 걸 아는 사람은 행
위에서 기인할 효과를 용의주도하게 재어 보며 좀 더
규율 있게 행동한다네. 잘못된 행동을 했을 때 친구보
다 적의 눈에 띈 것을 더 부끄러워하는 것이 악덕의 특
성이기도 하기 때문이지. 그래서 나시카7)는 카르타고
를 함락하고 그리스를 복속시킨 후 로마의 권력이 이
제는 위태롭지 않다고 사람들이 생각하게 되었을 때
이렇게 말했네. "자! 지금이야말로 우리가 위태로울 때
다. 우리에게 두려움과 수치심을 불어넣을 경쟁자가

더 이상 없기 때문이다."


**4. 적의 질투는 우리의 태만을 바로잡아 주는 평형추다. 게다가 우리 스스로 도덕적으로 완벽하면 적에게 효과적으로 복수하는 셈이다.**

여기에다 어떤 사람이 던진 "어떻게 적을 방어할까요?"라는 질문에 대한 정말 철학자답고 정치가다웠던 디오게네스의 대답을 덧붙여 보세나. "자네가 미덕을 갖추면 되네." 적이 가진 말馬을 높이 평가하는 얘기나 적의 개를 칭찬하는 말을 들으면 사람들은 속상하다며 탄식하네. 적이 농사짓는 땅에서 작물이 잘 자라거나 그의 집 마당에 꽃이 활짝 핀 것을 보면 섭섭해 끙끙대고 말이지. 자네가 스스로 평정심, 상식, 친절, 올바른 말, 흠잡을 데 없는 행위, 점잖은 행동을 보여 준다면 적들이 어떻게 생각하겠는가?

고귀한 의도가 자라나는 무대인 저 밭이랑에 심긴
엄청나게 많은 것을 마음속에서 거둬들이며[8]

핀다로스는 말했네. "패배한 상태에서도 사람들은 침묵의 사슬에 묶여 있다." 이 말이 모든 사람에게 절대적이거나 다 들어맞는 것은 아니지만, 주의나 애국심이나 예의범절이나 인류애 면에서 적 때문에 신세를 망쳤다고 생각하는 사람에겐 맞는 말이네. 데모스테네스[9]가 말했듯이 끝장이라 생각하기에 "혀가 마비되고 눈이 감기고 숨이 막히고 말문이 막히는" 거라네.

심술궂은 사람과 다르게 행동하라. 그건 그대가
마음먹기에 달린 일이다.[10]

자네를 미워하는 사람이 죽어 버렸으면 좋겠나? 그 적이 내성적이거나 나약하거나 우유부단하거나 문란하거나 우스꽝스럽거나 인색하다고만 폄하하지 말고, 자네가 정말 인간답게 처신해 보게. 즉 절도 있고, 진실되고, 만나는 사람에게 인간답고 정의롭게 행동해보란 말일세. 하지만 정히 적을 모욕하지 않고는 못 배기겠다면, 무질서를 적의 탓으로 돌리는 일을 되도록 멀리하게나. 자네 마음의 밑바닥을 재어 보고, 거기 혹시 틈새는 없나 잘 살펴보고서 마음속 어딘가에 숨은 악덕이 비극 시인의 다음 시구 같은 말을 속삭인다 해도 듣지 말아야 하네.

> 그대 자신의 상처로 너덜너덜하면서도 감히 남을 치유하려 하다니![11]

자네는 적을 무지한 자로 보는가? 자네 마음속에서 일에 대한 열정을 더 키우고 지식에 더 맛을 들이게. 비겁한 자로 보는가? 자네의 과감함과 용기를 되살리게. 음탕하고 문란한 자로 보는가? 자네 영혼에 은밀히 간직되어 있을지도 모르는, 관능으로 쏠리는 일체의 흔적을 지워 버리게. 남에게 하려는 검열이 자신에게로 향하는 걸 보는 것보다 더 치명적이고 부끄러운 일은 없을 테니 말일세. 하지만 약한 시력은 빛의 반사로 더욱 손상되는 것 같고, 남을 비난하는 사람은 진실이 밝혀지면 그 비난이 자신에게로 돌아와 더욱더 큰 상처를 입는 것 같네. 북풍에 구름이 모여들듯 스스로 악행을 저지르면 남을 제대로 비난할 수 없는 처지가 된다네.

## 5. 우리의 결점을 남의 탓으로 돌리지 않는다.

행실이 올바르지 못한 사람들 틈에 있을 때마다 플라톤은 그들과 헤어지면서 이렇게 혼잣말을 했다네. "혹시 나 자신도 저런 것은 아닌가?"* 만약 남의 행실을 신랄하게 비판한 후에 곧바로 자기 행실을 살펴보고 그 반대 방향으로, 반대 성향으로 행동함으로써 이를 고쳐 간다면, 자기가 퍼부은 모욕의 결실을 얻는 셈이네. 그렇지 않다면 모욕은 쓸데없고 공허한 것이 되네. 보통 대머리나 꼽추가 남의 외모를 험담하거나 비웃는 걸 보면 많은 사람이 웃겠지만, 자신에게 돌아오게 될 비난을 감히 남에게 한다는 것은 정말 우스운 일이네. 그래서 시력이 나쁘다고 꼽추의 놀림을 받은 비잔티움의 레온[12]은 꼽추에게 이렇게 대답했다네. "너무나 인간적인 시력의 결함을 자네는 내 탓으로 돌리는데, 정작 자네는 하늘의 복수의 징표를 등에 걸머지고 있구먼." 그러니 자네가 만약 상습적인 아동성애자라면 간통한 사람을 고발하지 말고, 인색한 사람이라면 돈을 물 쓰듯 하는 사람을 고발하지 말게나.

알크마에온[13]은 아드라스투스[14]에게 말했다네.

---

* 플라톤의 어느 책에서 인용했는지는 알 수 없으나, 이런 태도는 소크라테스가 말한 "너 자신을 알라"와 통하며 스토아철학의 양심 성찰과도 비슷하다.

자네는 살인한 여인과 근친 관계다.[15]

아드라스투스가 이에 뭐라고 대답했겠는가? 알크마에온은 남의 죄가 아니라 바로 자신의 죄를 비난한 것이라네.

그대의 손에 그대를 낳은 어머니가 죽었다.

도미티우스[16]는 크라수스[17]에게 말했네. "자네가 양어장에서 키운 칠성장어가 죽자 울었다는 것이 사실인가?" 크라수스가 대답했네. "자네는 세 아내 각각의 장례를 치를 때 눈물 한 방울 안 흘렸다는 것이 사실인가?" 재치 있고 말을 잘하고 어조가 단호하다면 남을 검열해도 된다고 자네는 생각하는가? 아닐세, 자기 스스로 일체의 비난에서 자유로워야만 하네. 듣기 좋은 말만 하다 혹시 듣기 싫은 소리를 들을까 봐 남을 비난하는 데 한몫 끼는 사람에게 신은 "너 자신을 알라"는 말을 실천하라고 누구보다도 누누이 당부했다네. 사실 소포클레스 말에 따르면 이런 사람들은

헛되이 수다 떨면서 스스로를 제어하지 못해

남에 대해 끈질기게 즐기며 한 말을

자기도 모르게 자신에 관해 듣게 된다.[18]


## 6. 남의 비난을 어떻게 받아들일 것인가.

적을 문책할 때는 이와 같이 하는 것이 유용하고 이득이 된다네. 하지만 그 반대 경우일 때, 즉 자기가 적의 비판과 모욕을 받았을 때도 마찬가지라네. 이런 이유로 안티스테네스의 말은 맞다네. 자기를 지키려면 진실한 친구와 열렬한 적이 필요하다는 말 말일세. 친구는 의견을 내어 주어, 그리고 적은 검열을 하여 우리를 악에서 멀리 떨어지도록 해 주지.[19] 하지만 오늘날 우정은 솔직하게 말할 때만 목청을 조금 높일 뿐 아첨할 때는 말이 많고 조언할 때는 말이 없는 법이기에, 진실은 적의 입을 통해 들어야만 하네. 왜냐하면 텔레포스*가 적절한 의사를 찾지 못해 상처를 적의 무기 앞에

---

* 헤라클레스의 아들. 미시아의 왕이었던 그는 트로이전쟁 때 그리스 군대를 몰아내는 과정에서 아킬레우스의 창에 찔려 큰 상처를 입는데, 이후 상처를 준 자만이 상처를 고칠 수 있다는 신탁을 듣고 그리스로 아킬레우스를 찾아간다. 이에 아킬레우스는 기꺼이 텔레포스를 치료해 주었고, 그는 그리스와 친교를 맺게 되었다.

그대로 드러내 보였던 것과 마찬가지로, 남에게 호의적인 의견을 들어보지 못한 사람은 적이 그들의 악덕을 들춰내고 질책할 때 그 비난을 꾹 참고 들어야만 하며, 그를 질책하는 나쁜 의도보다는 비난에서 오는 실제적 도움을 생각해야만 하기 때문이지. 예를 들어 어떤 사람이 테살리아인[20] 프로메테우스가 죽기를 바란다고 해 보세. 그래서 칼로 프로메테우스를 내리쳤는데, 하필 그게 종양이 생긴 환부를 건드리는 바람에 결국 종기가 터져 오히려 그가 죽음을 면하고 살아날 수도 있네. 분노와 적개심에서 나온 악담의 효과가 종종 이렇다네. 악담은 우리가 소홀히 여겨 치유할 생각도 하지 않았던 마음의 병에서 우리를 구해 주지. 하지만 대부분 사람들의 예를 다시 들자면, 그들은 이런 험담이 과연 근거 있는 것인지 알아보려 하지도 않고 험담하는 사람이 못됐다며 다른 딱지를 붙인다네. 이 점에서 보면 그들은 먼지와 한판 붙는 검투사 같네. 적이 준 상처에서 각자 알아서 벗어나기는커녕 서로에게 그 상처를 주면서 차례차례 난투극을 벌이다 종내에는 모두 피 칠갑을 하고 검댕투성이가 되어 쓰러지지. 이런 경우에는 남들이 유감스러워하는 악덕을, 남이 보여 준 얼룩 같은 흠결을 옷에서 지우는 것보다도 마음에서 힘껏 몰아내는 것이 좀 더 합당하지 않겠는가? 만약 우리에게 있지도 않은 결점이 있다고 남들이 강변한다면, 왜 이런 험담이 나왔는지 그 원인을 찾아 경계하고 두려워하며 자기도 모르게 남이 비난한 바와 같거나 비슷한 잘못을 범하지 않도록 노력해야 할 것이네. 이런 식으로, 아르고스의 왕 라키데스는 머릿결을 너무 정성껏 빗질하고 너무 섬세하게 걷는다 하여 나약하다는 의심을 받았네. 이건 로마의 폼페이우스 황제도 마찬가지였네. 그는 한 손가락으로 머리를 긁는 버릇이 있었는데, 그러면서도 나약하거나 절제되지 않은 모습을 보이지는 않았네. 크라수스[21]는 베스타의 여사제[22] 중 한 명과 암암리에 관계를 유지했다는 비난을 받았네. 크라수스가 그녀로부터 멋진 집을 구입하고 싶어 아무도 모르게 꾸준히 그녀를 찾아가 세심한 배려를 베풀었기 때문이지. 포스투미아[23]는 남자와 얘기할 때 무조건 웃고 대담하게 말한다 하여 정숙하지 못하다는 비난을 받았네. 나중에 이 일이 무고로 귀결된 것은 사실이지만, 무죄 방면된 후엔 고위 성직자 스푸리우스 미누키우스가 그녀를 따로 불러 말이나 행실을

더 조심하라고 일렀다네. 또 아무 잘못도 없는 테미스
토클레스[24]는 배신자라는 의심을 받았네. 파우사니아
스*와 친하게 지내며 그에게 자주 편지를 보냈기 때문
이었지.


### 7. 근거 없는 비난이라도 무시하지 말아야 한다.

따라서 누가 자네를 험담하면, 설사 그 말이 틀렸
더라도 무시하거나 그냥 넘겨 버려서는 안 되네. 반대
로 자신의 언행이나 좋아하는 활동이나 자주 드나드는
곳 등 험담의 핑계가 될 수 있는 꼬투리를 찾은 다음,
그 꼬투리를 그냥 지닌 채 도망치게! 뜻밖의 불행을 당
해 본 사람은 거기서 이득이 될 만한 교훈을 얻었기 때
문에 이런 걸 아는 걸세. 메로페**가 이렇게 가르쳐 주
듯이 말이네.


불행한 일을 당하면 지혜가 생긴다는 것은 사실이다.
하지만 대신 소중한 존재와 사랑의 대상을 잃게

---

* 페르시아전쟁 때 스파르타의 지휘관으로, 그리스와의 전
쟁에서 페르시아 왕 세르세 1세와 내통했다는 의심을 받
았다.
** 메세니아의 왕 크레스폰테스의 아내로, 폴리폰테스에게
남편과 자식을 잃고 강압에 의해 그와 결혼하지만, 그녀가
피신시킨 막내 아들이 성장해 그녀와 함께 복수를 한다.

된다.[25)]

적에게서 공짜 교훈을 얻고 이득을 끌어내 우리가 평소 못 듣는 부분을 배우지 못할 게 뭐란 말인가? 여러 가지 점에서 보건대, 적의 통찰력이 친구의 통찰력보다 더 낫다네. "사랑은 그 대상에게 맹목적이다"라는 플라톤의 말과 같네. 미움으로 말하자면, 험담하는 사람 취향에 맞는 심한 말에는 미움이 들어가 섞이네. 히에론[26)]은 적 가운데 한 명에게서 입이 험하다는 비난을 받았네. 집에 돌아온 그는 아내에게 말했네. "그 말이 무슨 뜻이지? 왜 당신은 내 입이 험하다는 얘길 내게 한번도 하지 않았소?" 하지만 정숙하고 순진하기만 한 아내는 대답했다네. "나는 남자들이 모두 그러한 줄 알았지요." 그러니 친구와 친지보다는 오히려 적을 통해 자신의 나쁜 습관과 신체적 약점과 무엇보다도 눈에 띄는 결함을 알게 되는 것이지.

**8. 농담과 험담을 잘 감내해야 한다. 이런 참을성은 자기가 하는 말을 통제하는 데 아주 효과적이다.**

하지만 이 문제는 일단 제쳐 두고, 여기서는 자기 말을 잘 통제해야 한다는 점만 다뤄 보세. 말을 통제한다는 것은 결코 작은 미덕이 아니네. 그런데 만약 연습하고 꾸준히 노력했는데도 분노처럼 무엇보다 최악인 정념을 이겨 내지 못한다면 자기 혀를 이성에 복종하게 할 수 없을 걸세. 자기도 모르게 튀어나오는 말, 즉 "이齒의 경계를 넘어선 말"과 "저절로 날아가는 말"[27]은 성향대로 치닫고 소심함과 무기력한 판단과 아무 생각 없는 행동에 의해 흔들리는 보통의 정신을 지닌 사람에게서 흔히 볼 수 있는 것이네. 그런데 가장 잘 스러지는 이런 말 때문에 알다시피 신적 존재인 플라톤도 신과 인간이 가할 수 있는 가장 무거운 형벌에 처해졌지. 말을 안 하고 침묵만 지키는 것은 아무런 의미가 없네. 히포크라테스의 말마따나 갈증을 참아도 아무 소용 없듯이 침묵한다고 손가락질 받는 사람에게는 고귀함의 특징, 소크라테스적 징표 혹은 좀 더 정확히 표현하자면 헤라클레스적 성격이 주어진다네. 이 영웅이

험담을 아랑곳하지 않기를, 마치 윙윙 날아다니는
파리 한 마리를 아랑곳하지 않는 듯이 한다[28]

라고 한 것이 사실이라면 말일세. 적이 모욕하는 면전에서 이렇게 침착함을 유지하는 것보다 더 고귀하고 아름다운 일은 없다네.

> 해풍이 불어 대는 먼바다에 나온 선원처럼
> 사람은 지나는 길에 가해지는 숱한 조롱을 참아
> 낸다.[29]

하지만 거기서 행하는 실천은 더욱 값지다네. 일단 적대적인 모욕을 묵묵히 참아 내는 버릇이 들면, 자네는 바가지 긁는 아내의 분노도 쉽게 참아 낼 수 있으며, 친구나 형제의 공격적 언사도 아무런 감정 없이 들어 넘길 수 있을 걸세. 부모가 때린다거나 면전에 뭘 집어 던진다 하더라도 화내지 않고 속상하다는 마음도 없이 그 공격을 받아들일 수 있을 걸세. 소크라테스는 화를 잘 내고 표독스러운 아내 크산티페를 견뎌 낸 덕에 화를 받아넘기는 버릇이 들어 남을 더 다정하게 대할 수 있었네. 적과 낯선 사람을 상대로 성질을 평온하게 유지하고, 공격에 맞서 화내지 않는 버릇을 들이겠다는 생각으로 당돌한 언사, 욱하는 태도, 놀림, 모욕 등을 침착하게 참아 낸다면 이는 더욱더 아름다운 일이겠지.

## 9. 적에 대한 너그러운 마음은 도덕적 위대함의 예비 과정이다.

부드러움과 관용, 이것이 우리가 적개심을 품은 상대방에게 보여 줄 만한 품성이네. 여기에 하나 덧붙이자면 우정에서보다 적대적 관계에서 우리의 올곧음, 아량, 착함이 더 잘 발현될 수 있네. 만약 친구에게 도움이 필요한 경우라면 친구를 도와줌으로써 얻는 공덕보다 도와주지 않아서 느끼는 부끄러움이 더 클 것이네. 기회가 생겼을 때 적에게 복수하지 않는 것이 진짜 인류애 아닌가! 하지만 적이 완전히 기운이 빠졌을 때 불쌍히 여기고 절망에 빠졌을 때 도와주며 그의 자녀를 배려하고 위기에 처한 그의 이익을 도모해 주는 등의 행동에서 너그러움을 느끼지 못하는 사람, 이 미덕을 예찬하지 않는 사람이 있다면, 그런 사람은 일 걸세. 카이사르 황제가 사람들이 쓰러뜨린 폼페이우스 장군의 동상을 다시 세우라 명령했을 때 키케로가 말했네. "폼페이우스의 동상을 다시 세우면 황제님의 동상도 견고하게 세우는 셈입니다." 그러니 설령 적이라도 좋은 평판을 받을 만할 때는 칭찬이나 경의를 아끼지 말아야 하네. 남을 제대로 평가하는 사람은 자신도 더욱 좋은 평가를 받게 되네. 그리고 지난날 남에게 한 비난도 상대방이 미워서가 아니라 그 행동에 찬성하지 않아 한 것이기 때문에 더 믿을 만한 것이 되네. 하지만 이보다 더 아름답고 유용한 것은 적을 칭찬하고 일체의 원한과 적이 잘되는 것을 보고 생기는 고통을 털어 버리는 습관이 들면, 친구가 행복하거나 친지가 잘된 것을 보고 마음속에 생겨나는 질투심을 더욱 멀리할 수 있게 된다는 거지. 그러니 마음속에서 경쟁 본능과 시샘 본능을 없애는 연습보다 마음에 더 유용하고 마음이 더 잘 자리 잡게 하는 연습이 또 있겠는가? 사실 전쟁에서 그렇듯이 우리에겐 온갖 필요한 것이 많네. 그러한 필요 사항은 일단 버릇이 되면 비록 성가시다 해도 쉽게 없앨 수 없지. 적개심이 우리 마음속에서 미움과 합작하여 시샘하는 마음이 생겨나고, 질투를 느끼고, 남의 불행에서 은근한 기쁨을 느끼고 마지막으로 악의가 남듯이 말일세. 이것 말고도 적을 상대할 때 범죄라고는 할 수 없는 심술궂음, 계략, 음모를 꾸미고 싶다는 마음이 우리 안에 슬며시 들어와 몰아낼 길 없이 머문다네. 그리고 그런 게 습관이 되면, 적에 대한 마음인 줄 모르고 친구에게도 그런 마음을 품게 되네. 그러니 피타고라스는 옳게 행동했네. 이성이 없는 동물에 대한 일체의 폭력과 잔인한 처사를 금하는 습관을 들이고자 그는 새 사냥꾼에게 간청하고 물고기 낚는 사람의 그물을 사들여 잡힌 새와 물고기를 풀어 주었고, 모든 가축의 도살을 금했지.[31] 사람을 대결케 하는 분쟁이나 경쟁에서 적에게도 너그럽고 정의롭고 충성스러우며, 천박하고 변태적인 악한 충동을 억누르고 참아 넘겨 친구와 이익을 다투는 사업을 해도 흔들림 없이 평정심을 유지하고 친구를 만나도 일체 편견을 갖지 않는다면 물론 훨씬 더 명예스럽겠지. 도미티우스의 적이었던 스카우루스[32]는 어떤 사건으로 도미티우스를 고소했네. 판결이 내리기 전에 도미티우스의 하인이 와서 스카우루스도 모르는 어떤 사실을 폭로하겠다고 했네. 스카우루스는 하인에게 한마디도 입 밖에 내지 말라고 한 뒤 그를 잡아 주인 도미티우스에게 돌려보냈네. 카토[33]는 정치적 술책을 썼다며 무레나[34]를 비난했네. 관례대로 카토가 증거를 수집하는 동안, 사람들이 무레나에게 따라붙어 그를 관찰하며 이날 고발과 관련된 어떤 조사를 할 의도가 있느냐고 끊임없이 물었네. 무레나가 아니라고 하자 그들은 이 말을 그대로 믿고 물러갔네. 이는 대부분의 사람들이 그를 올바른 사람이라고 여긴다는 사실을 명백히 보여 주는 예라네. 하지만 이보다 훨씬 훌륭하고 무엇보다 중요한 것은, 적 앞에서도 떳떳한 것이 버릇이 되면 친지와 친구에 대해서도 확실히 부정하고 나쁜 생각을 품는 일이 없다는 사실이지.

**10. 적의 장점에 경의를 표하는 것은 자기 장점에도 경의를 표하는 것이며, 친구의 우월함을 질투의 눈으로 보지 않는 습관을 들이는 것이다. 자기가 사랑하는 사람에게 더욱 기꺼이, 더욱 꾸준히 너그러워지고 싶다면 적에게 너그러워야 한다. 요컨대**

**적은 악의 배출구이며 선의 모델인 것이다.**

시모니데스의 말대로 "말끔한 종달새도 지저분한 깃털 뭉치가 있게 마련"이기 때문에, 또 모든 인간의 본성에는 질투심, 경쟁심, "몽상가에게 빌붙는"35) 샘내는 마음이 있기 때문에, 그러한 격한 감정을 적에게 내쏘아 없애고, 말하자면 그 비열한 흐름*을 벗과 친지에게서 멀리 떨어지게 돌려놓는 법을 배우면 큰 도움이 된다네. 데모스라는 정치가를 이해했다는 것이 바로 이런 것이라네. 혁명이 그가 속한 당파의 승리로 끝나자, 그는 반대 의견을 냈던 시민을 모두 처단하지 말고 몇몇 사람을 제외시켜 "모든 정적을 제거하고 나서 친구들과 다투기 시작하는 일이 없도록 하라"고 조언했다네. 마찬가지로 정념을 적에게 쏟아 마음속에서 소진해 버린다면 친구들을 덜 들볶게 된다네. 왜냐하면 헤시오도스 말대로 "옹기장이가 옹기장이에게 화를 내고", "가수가 가수에게 화를 내선" 안 되기 때문일세. 또 이웃이나 친척이나 "한 재산 모으느라 바쁘고" 잘 살게 된 형제를 질투해서도 안 되기 때문일세. 하지만 무슨 방법을 써도 도저히 마음속에서 다툼, 질투, 경

---

* 여기서는 방향을 돌려놓는 물길을 말한다.

쟁을 몰아낼 수 없다면 오로지 자네 적의 성공에서만 고통을 느끼는 버릇을 들여 보게나. 적을 신랄한 마음의 따가운 침으로 찌르고, 그 침을 더 날카롭고 뾰족하게 갈게나. 솜씨 좋은 정원사가 장미와 제비꽃을 아름답게 키운답시고 주변에 마늘과 양파를 심으면 그 지독한 냄새와 매운 맛이 몸에 해를 끼칠 수도 있네. 마찬가지로 선망과 악의를 모두 적에게만 돌리면 친구에게는 친절해지고 친구가 성공해도 덜 괴롭다네. 이런 이유로도 우리는 영광과 권력, 정당한 이득을 경쟁적으로 쟁취하려 하는 것이지. 그들이 우리보다 앞서 나간다면 안달만 하지 않고 더 열심히 그들에게 주의를 기울이고 부지런히 에너지를 쏟고 자기 절제를 잘하려고 노력하면서 말일세. 마치 마라톤에서 밀티아데스의 승리를 보고 잠을 못 이룬 테미스토클레스처럼[36] 적이 자신보다 앞서 변호사나 공무원이나 국정 운영자나 아니면 친구나 권력자의 측근이 되었다고 생각하는 사람은 힘써서 그걸 따라가기는커녕 원한과 완전한 낙담에 사로잡히네. 그러다 결국은 남을 샘내는 사람의 상태, 즉 아무 결실도 못 맺고 빈둥거리는 상태에 떨어지지! 반대로 싫어하는 적의 일로 맹목적이 되지 않고 자기

인생과 성격과 말과 행동을 공평하게 검토해 보는 사람은 거의 항상 이처럼 시기하던 적의 우월함이 민첩함과 앞날을 내다보는 지혜와 점잖은 행동 덕분이라는 것을 알게 될 걸세. 그러면 그는 적만큼 영광과 고결함을 좋아하려고 더욱 노력할 것이며, 게으름과 느른함일랑 떨쳐 버릴 걸세.

## 11. 적의 악덕으로 우리의 미덕이 더욱 소중해진다.

반대로 적이 아첨이나 속임수나 부패한 거래나 배신으로 공(公)들의 호의를 얻고 궁정에서 부당하고 명예롭지 못한 권력을 쟁취했다면, 설령 적이 잘되었다 해도 우리 마음이 괴롭지는 않을 걸세. 오히려 적의 행동이 우리의 독립적이고 비난받지 않는 순수한 삶과 비교되니 만족스럽겠지. 왜냐하면 플라톤의 말대로 "땅위와 땅속에 있는 황금을 모두 합쳐도 미덕보다는 가치가 적기" 때문이며, 솔론의 다음과 같은 시구를 언제나 마음에 새겨야 하기 때문일세.

미덕을 다른 좋은 것과 바꾼다고? 안 돼, 절대로

안 돼!

나는 이 말을 덧붙이겠네. 살면서 기생충 같은 사람들의 입장을 살려 주는 갈채와도, 실력자에게 매수된 내시와 후궁, 사치스럽게 살아가는 사람들 무리의 영예와 우선권과도 미덕을 바꾸지 않겠다고. 왜냐하면 저렴한 대가로 쟁취해야 하는 것이라면 그 무엇도 부러움의 대상이 될 수 없고 아름답지도 않을 테니 말일세. 하지만 플라톤의 말대로 "사랑은 그가 사랑하는 대상에는 맹목적"이기에, 그리고 우리의 적 때문에 과잉행동으로 인한 악덕의 추한 꼴을 많이 겪게 되기에, 적이 잘못했을 때 맛보는 기쁨도, 그들이 성공했을 때 마음속에 움트는 침울한 서글픔도 그냥 헛되이 두어서는 안 되네. 우리가 적같이 타락하지 않고 그 악행을 모방하지 않고도 그와 같은 성공을 거두어 그들보다 좀 더 나아지고자 한다면, 이 두 가지 보기에 바탕을 두세나.

# 귀 기울여 듣는 법

## 1. 경청은 모든 교육의 필요조건

친애하는 니칸드로스[1]여, 내가 '귀 기울여 듣는 법'에 관해 한 강의를 들어 보게나. 그 강의를 이 글로 다시 썼다네. 이 글 덕분에 자네는 이제 스승의 손에서 벗어나 성인의 옷을 입은 자네를 설득하려는 사람들의 말에 제대로 귀 기울일 수 있게 될 걸세. 어떤 잘못 자란 젊은이는 자유와 방종을 혼동하여, 학교 선생이나 가정교사보다 더 다루기 어려운 폭군 같은 권력을 마음대로 휘두른다네.* 말하자면 고삐 풀린 강력한 정념이라 할 수 있지. 헤로도토스의 말마따나 여자들이 치마를 단념하면 정숙도 단념하게 되는 거라면,** 일부 청소년은 방종을 막을 핑계가 되는 겉옷을 안 걸쳤을 때는 염치 불고하고 장식 역할을 하는 이 현명한 제재 대신 방탕을 택한다네. 그렇지만 이성을 따르는 것

---

\* 여기서 플루타르코스는 특정인을 말하고 있는 것 같지는 않다. 그는 늘 학생의 수다나 경청자의 반응에 대해 썼다.
\*\* 플루타르코스 시대의 성 인지 감수성을 유념해야 한다.

이 신을 따르는 것이라는 말을 종종 듣고 자란 자네는 유년에서 성년으로 넘어가는 기간이 정신이 올바른 아이에게는 전적인 독립이 아니라 그저 정신적 지도자를 바꾸는 시기일 뿐이라고 생각하게나. 사람들은 수업료를 받는 선생 대신 인생의 신성한 길잡이인 이성을 자신에게 부여한다네. 이성이 시키는 대로 행동하는 사람만이 자유인이라 할 수 있지. 왜냐하면 사람은 의무에 기반한 의지를 배웠을 때 비로소 마음대로 살 수 있는 법이기 때문일세.* 반대로 질서도 없이 마구잡이인 충동**에 따라 교육과 이성에 역행하는 행동을 한다면, 남는 것은 확고한 근거도 없는 의도들 틈에서 행사되는 박약하고 산발적인 충동뿐이라네.

## 2. 경청은 현명함의 도구

하지만 시민 목록에 등재된 사람 중 외국에서 태어나 완전히 외국인인 사람은 법관의 행위에 대해 불평하는 반면, 이 나라에서 나고 자라 이 나라에서 일어나는 일에 익숙한 사람은 자기와 관련된 법의 처분을 기분 나쁘지 않게 받아들이고 이에 따를 줄 안다네. 그

---

* 스토아학파 철학자에 따르면 중요한 것은 이성뿐이다.
** 즉 이성에서 벗어난 감각적 충동을 말한다.

러니 아이들에게 그 나이에 맞는 지식을 가르치면서 철학에도 미리 취미를 갖게 하여, 아이들이 말하자면 철학을 오래 써먹는 습관이 든 상태로 이 학문에 입문하도록 해야 하네. 철학만이 젊은이의 노년을 아름답게, 즉 손상되지 않은 이성으로 장식해 줄 수 있기 때문이네. 그러므로 나는 자네가 기꺼이 이 교훈을 받아들이리라 믿네. 이 교훈의 목적은 우리가 본래 타고난 감각을 현명하게 키워, 테오프라스토스[2]의 말대로 여기에 청각에 의한 인지라는 정념을 더해 주는 것이라네. 마음이 시각, 촉각, 미각으로 경험하는 동요와 두려움은 소리와 소음과 귀를 때리는 외침으로 인한 동요와 두려움보다는 덜 격렬하다네. 하지만 현실에서 이 감관은 정념보다는 이성에 더 맞네. 왜냐하면 악덕이 우리 안에 스르르 들어와 마음속까지 닿도록 길을 열어 주는 역할을 하는 많은 신체 기관과 여타 부위가 있기 때문이네. 반면 미덕은 오직 청각을 통해서만 젊은이의 가슴에 가닿는다네. 그러니 꼭 주의를 기울여야 하네. 어린 시절부터 사람을 타락시키는 아첨의 숨소리와 나쁜 이야기의 전염성을 걷어 내고 미덕을 순수하게 보존할 수 있을까? 크세노크라테스[3]는 투사의 귀를 틀어막는 것보다 더 신경 써서 젊은이의 귀를 틀어막고 싶어했네. 그는 말하기를, 투사는 그저 타박상만 두려워하면 되지만 젊은이는 믿을 수 없는 조언을 듣고 자신의 행실이 타락했음을 본다고 했네. 이는 들리는 모든 이야기에 귀를 틀어막으라고 젊은이에게 조언하는 것이 아니네. 그러면 완전히 귀머거리나 다름없겠지. 그는 단지 젊은이에게 철학이 현명한 금언을 확립해 줄 때까지 비도덕적인 이야기를 듣지 말라고 말했을 뿐이네. 이 금언은 도달하기 너무나 쉬운 그 자리를 지켜 줄 충실한 파수꾼 역할을 할 걸세. 아마시스[4]는 비아스[5]에게 말하길, 희생 동물의 몸에서 가장 좋기도 하고 나쁘기도 하다고 생각하는 것을 취하라고 했네. 그러자 철학자 비아스는 혀를 쑥 뽑아서 아마시스에게 줬다네. '말'이 가장 위험하면서도 가장 쓸모 있다는 이야기를 하고 싶었던 것이지. 보통 우리가 어린아이를 껴안을 때는 귀부터 잡고 우리 귀도 잡아 달라고 하지. 이런 장난은 자기가 장난 거는 사람—즉 귀를 잡는 사람—을 사랑해야만 칠 수 있다네. 사실 초등 교사나 할 법한 쉬운 말도 결코 듣지 않는 젊은이는 싹수가 노래 미덕의 열매를 맺지 못할 뿐만 아니라 반드시 온갖 악덕의 온상이 되게 마련이네. 그런 사람은 자기 마음속에서 잡초가 마치 유휴지에서 자라나듯 쑥쑥 자라나는 것을 보게 될 걸세. 이는 확실한 결과라네. 왜냐하면 관능에 솔깃하고 일하기 싫어하는 쪽으로 기우는 성향은 남의 이야기를 들으며 우리에게 뿌려진 이상한 씨앗이 아니라 타고난 것인데, 이것이 한없이 많은 정념과 질병의 원천이 되기 때문이지. 그러니까 이런 감정을 싹 튼 그 자리에서 마음대로 자라게 놔둔 채 현명한 이야기로 본성을 바로잡아 사라지게 하거나 방향을 돌려놓지 않는다면, 정말이지 사람보다 더 야만적인 야생 동물은 없을 걸세.

### 3. 경청하는 방법에 관해

그러니까 경청이란 젊은이에게 매우 유용하고 그 못지않게 위험성도 크기 때문에, 이 점에 대해 혼자 자주 생각하거나 여럿이 모여 자주 대화하는 것이 좋다고 보네. 그런데 얼마나 많은 사람이 이 점을 잘못 생각하는지 모르겠네. 왜냐하면 그들은 경청이라는 교훈의 열매를 따기도 전에 경청에 관한 말부터 늘어놓고 싶어하기 때문이지. 말은 연습이 필요하고 또 집중을 해야 하지만, 경청은 그 듣는 법이야 어떻든 무조건 이득만 있을 뿐이라고 그들은 생각한다네. 하지만 공놀이를 하고 싶어하는 사람은 처음에 제대로 공을 받고 던지는 법부터 배우지 않던가? 우리를 가르치는 스승의 말을 경청할 때도 이와 마찬가지일세. 첫째가는 의무는 그 말을 잘 듣는 것이며, 두 번째 의무는 마치 아이를 낳으려면 먼저 수정과 임신을 해야 하듯 그 말에 적절히 대답하는 것일세. 새가 무정란, 즉 "바람으로 수정된 알"*을 낳을 때, 사람들은 불완전한 조각이나 움직임 없는 태胎에서만 이런 결과가 나온다고들 한다네. 이와 마찬가지로 젊은이가 경청할 줄 모르고 경청에서 좋은 결과를 끌어내는 습관이 들지 않았을 때 그들이 하는 말은 마치 무정란과 같다네. 이는

열매를 맺지 못하고, 잡을 수도 없이 허공에
흩어져 있는[6)]

말들이지.

사람들은 한 꽃병의 물을 다른 꽃병에 따를 때 두

---

* 이런 알은 수컷의 개입 없이 암컷 혼자 수정하여 생긴다.

꽃병의 주둥이를 딱 맞춰 물이 전혀 쏟아지지 않게 하네. 하지만 자기에게 말을 거는 사람에게 맞춰 주고 그 사람에게 충분히 주의를 기울여 그가 말한 쓸모 있는 내용이 조금도 밖으로 흘러 나가지 않도록 하는 사람은 거의 없다네. 가장 우스꽝스러운 점은, 이런 사람들이 만찬이나 의식이나 꿈이나 모욕적인 다툼 얘기를 하는 사람을 만난다면 조용히 듣고서 이야기한 사람에게 더 이야기해 달라고 애원한다는 것이네. 하지만 다른 사람이 경청자의 주의를 끈 다음, 그들에게 뭔가 유용한 진실을 가르치고 그 의무를 알려 주고 잘못을 책망하고 그들의 기분을 달래 주려 든다면 경청하려 하지 않는다네. 그리고 할 수만 있다면 토론하는 사람의 말에 열띤 반박을 하며 토론에서 이기려고만 들고, 그러지 못하면 도망쳐 딴 데로 경박하기 짝이 없는 다른 이야기를 들으러 간다네.

낡아서 이가 빠진 그릇 같은 그들의 귀는 꼭 알아야 하는 중요한 것이 아닌 온갖 잡동사니로 채워진다네. 훌륭한 마구간지기는 짐승에게 고삐를 잘 채우려고 열심히 노력하지. 이는 마치 현명한 교육자가 제자를 이성에 고분고분 따르게끔 만드는 것과 같네. 그런 교육자는 제자가 주로 경청하고 말은 적게 하도록 버릇을 들인다네. 스핀타로스[7]는 에파미논다스를 이런 말로 칭송했네. "에파미논다스보다 더 현명하고 말이 적은 사람을 만나기는 어렵다." 사람들은 자연이 우리에게 귀 두 개와 혀 하나를 준 까닭은 말은 적게 하고 남의 말은 잘 들으라는 뜻이라고 여전히 말한다네.

## 4. 침묵 예찬

어떤 경우에도 침묵은 젊은이에게 확실한 장식품이지. 특히 다른 사람의 말을 방해하지 않고자 할 때는 더 그렇다네. 떨면 안 되고 말 한마디 할 때마다 소리를 질러서도 안 되네. 설령 그 말이 마음에 안 들더라도 꾹 참고 상대방이 말을 마칠 때까지 기다려야 하네. 상대방이 말을 마쳐도 듣는 이는 그 즉시 말을 시작하지 말아야 하네. 그리고 아이스키네스[8]의 말대로 그의 말에 몇 마디를 덧붙이고 싶든, 그 말을 고치거나 빼고 싶든 간에 다음 말을 하기까지 얼마간의 간격을 두어야 하네. 말하는 중간에 갑자기 끼어든다거나, 본인이 들어도 무슨 소린지 모를 장황한 말을 참고 들어 주지 못한다거나, 다른 사람이 말할 때 동시에 말하는 것은 예의 없는 짓이네. 높은 통제력과 자제심을 발휘해 남의 말을 귀 기울여 듣는 습관을 들인다면, 이야기의 훌륭하고 흥미로운 점을 파악할 수 있고 유용하거나 틀린 면도 더욱 확실히 구분하게 된다네. 그 말이 진실을 추구하며, 공격적이거나 신랄하지 않다는 것도 보인다네. 그래서 이야기에 뭔가 이로운 내용을 넣을 경우 과장투를 빼는 것보다는 젊은이의 정신에서 허세와 오만을 빼는 것이 더 낫다고 혹자는 말했는데, 이 말은 일리가 있다네. 과장과 허세가 가득한 정신으로는 아무것도 얻을 수 없을 테니 말일세.

## 5. 남에게 맞춰 주는 경청이란 과연 무엇인가?

질투와 남모를 악의로 가득한 경쟁심을 품어 봤자 아무 소용도 없네. 이는 갖가지 선한 일을 하는 데 장애가 될 뿐이네. 하지만 특히 강의를 듣는 사람에게 경쟁심은 가장 위험한 조언자이자 조력자라네. 남을 시샘하는 사람에게 말 잘하는 사람의 이야기를 듣는 것보다 더 괴로운 일은 없다네. 이러한 입장을 취하기 때문에 그는 추하지만 자기에게 유용할 수도 있는 이야기를 도저히 참아 낼 수 없는 사람이 되어 버리지. 남의 부, 영광, 멋짐 때문에 생겨나는 서글픔은 바로 선망이라는 정념을 만들지. 선망은 남이 지닌 재주를 보고 슬퍼하는 것이라네. 하지만 말 잘하는 사람을 보고 마음에 안 들어하는 것은 바로 자신의 이점 때문에 괴로워하는 것이나 마찬가지네. 왜냐하면 어떤 말과 거기에서 좋은 점을 끌어낼 수 있는 사람의 관계는 빛이 눈과 갖는 관계와 같기 때문이야. 또 다른 종류의 선망은 자기와 비슷한 마음을 가진 사람을 잘못 사랑하기에 생겨난다네. 말 잘하는 사람에게 우리가 품는 선망은 원칙상 영광을 헛되이 바라는 마음, 우월함을 그릇되게 사랑하는 마음이라네. 그런 것에 휘둘리는 사람에게 선망이 끼치는 효과는 너무나 커서, 그는 남이 하는 말에 조금도 주의를 기울이지 않는다네. 그러면 내적 동요로 마음이 흔들려 시도 때도 없이 정신이 딴 데 팔리지. 그는 자신의 능력을 검토하고 말하는 사람의 재능과 비교한 다음 말하는 사람이 자기보다 나은지 아닌지 보려고 하네. 그는 청중을 관찰하고 그 위치를 연구한다네. 그의 눈에 그런 강사가 감탄과 박수를 받는 것이 보일까? 그들이 받는 찬사가 그에겐 모욕적인지라, 그는 강사에게 남몰래 역심을 품는다네. 그리고 지금까지 들은 모든 내용을 점점 잊어버리지. 왜냐하면 그 내용을 기억하는 것이 괴롭기 때문이네. 그는 다음에 이어지는 내용이 앞의 것보다 더 나을까 봐 벌벌 떤다네. 그는 내용이 더 흥미로울 때만 끝까지 듣지. 끝나자마자 방금 들은 내용은 한순간도 생각하지 않고, 청중이 어떤 위치에 있는 사람인지만 알려고 한다네. 하지만 강사들이 받은 투표수를 세어 보고 강사가 누굴 칭송하는지 알 수 있단 말인가? 그는 투표 결과에 강력히 화내며 피하네. 그는 강사를 비난하고 강사의 말을 비딱하게 받아들이는 걸까? 강사는 이런 사람들에게 열심히 호소하면서 그들과 비슷하게 말하려 하네. 그들의 말에서 자기 강의에 쓸 만한 것을 못 찾으면, 그는 자기보다 나이가 적고 같은 주제로 강의한, 그의 말에 따르면 훨씬 강의를 잘한 다른 사람과 그들을 비교한다네. 이처럼 그의 질투심 때문에 아무리 멋진 강의도 엉망이 되고 아무것도 아닌 게 되어 버리며 아무짝에도 소용없게 되는 법이네.

## 6. 강의를 들을 때 주로 드는 감정인 감탄과
## 경멸에 대해

그러니까 자존심과 경청하고자 하는 마음이 서로 다툴 것이 아니라, 말하는 사람에게 기민하면서도 배려심 있게 주의를 기울여야 하네. 이는 마치 성스러운 연회나 제례 전 의식에 초대받아 간 것과 같네. 누가 말을 매우 잘하면 그 능력을 칭찬하고, 자기가 아는 것을 우리에게 전해 주려는, 그리고 자신이 설득당한 이유를 우리도 음미하게 해 주려는 열의에 감지덕지해야 하네. 듣는 사람 모두가 호의를 보이는 강의가 우연히 성공한 것이라 생각하지 말게나. 그런 강의를 하는 사람은 나름대로 노력하고 열심히 준비한 것이니까, 그런 강의를 듣고 감탄했다면 그 강사를 모방해야 하네. 반대로 강사가 실패했을 경우에는 왜 실패했는지를 조심스럽게 찾아보려 노력해야지. 크세노폰이라는 명예 행정관은 친구와 적 모두로부터 이점을 끌어냈다네. 마찬가지로 주의 깊은 청자라면 좋은 강의이건 나쁜 강의이건 이득을 얻어 내지. 왜냐하면 생각의 천박함, 표현의 공허함, 적절치 못한 태도, 만족감이나 칭찬에 어리석게 취해 버리는 뻔뻔함, 한마디로 모든 불완전한 점을 강사보다는 청자가 더 잘 알아챌 수 있기 때문이지. 그러니 남의 강의를 검토하듯이 우리 자신이 하는 이야기도 한번 검토해 보세. 즉 우리도 모르는 사이에 트집 잡은 남의 결점이 혹시 우리 자신에게도 해당하는 것은 아닌지 보자는 얘길세. 옆에 있는 사람을 비난하는 것보다 쉬운 일은 없다네. 하지만 이런 비난이 우리 잘못을 고치고 비슷한 잘못을 예방하지 못한다면 아무 소용 없고 공허할 뿐이라네. 남의 잘못을 보면 우리도 서슴지 말고 플라톤의 말을 되풀이해 보세. "혹시 나 자신도 저런 것은 아닌가?" 남의 눈을 바라보면 그 안에 비치는 자신의 두 눈이 보이듯이, 다른 사람의 얘기를 들어 보는 것만으로도 우리가 말하는 방식을 연구할 수 있다네. 그 결과 우리는 남을 너무 무모하게 경멸하지 않고 그들이 하는 말에 좀 더 면밀하게 주의를 기울이는 습관을 들이게 되지. 이 점에서 비교를 해 보는 것이 좋을 걸세. 누군가의 이야기를 듣고 돌아오면 그 이야기에서 합당하게 혹은 충분히 다뤄지지 않은 듯한 부분을 다시 생각해 보세. 그 강의 자체를 연구해 이런 부분은 보완하고 저런 부분은 바로잡고, 완전히 새로운 틀을 씌우고 다른 표현에 토대를 두어 새로 꾸며서 통째로 새롭게 만드는 일에 착수하자는 말일세. 플라톤이 리시아스를 변호할 때 이렇게 했다네. 왜냐하면 한번 더 말하지만, 남이 이미 말한 내용을 비판하기는 어렵지 않기 때문이지. 이보다 쉬운 일은 없지만, 대신 좀 더 잘 말하기는 어렵다네. 마케도니아의 필리포스 왕이 올린투스를 파괴했다는 소식을 막 전해 들은 라케다이몬 사람[9]은 이렇게 말했네. "좋아! 아마도 그가 이런 도시를 다시 세우기란 쉽지 않을 거야!" 이처럼 어떤 주제에 관해서든 강의할 때 우리는 분명 경쟁자와의 대립 투쟁에서 벗어나 있을 걸세. 이미 말한 사람들보다 우리가 더 나을 것도 없어 우리의 잘난 척하던 마음이 꺾일 테니까.

### 7. 남이 말하는 내용을 제대로 평가하기 위해 그를 검토해 보자

사람들은 유하고 남에게 잘 맞추며 오만한 검열과는 거리가 먼 성격의 사람들에게 언제나 감탄하지. 하지만 이런 느낌이 들 때는 그만큼, 어쩌면 더 많이 조심해야 한다네. 왜냐하면 당돌하고 오만한 청자는 듣는 이야기에서 아무 이득도 끌어내지 못하는데, 흐물흐물하고 악의라고는 전혀 없는 마술사들은 거기서 더 큰 위험을 발견하고, 그래서 헤라클레이토스[10]의 이 말이 놀랍도록 정당화되기 때문이지. "어리석은 자는 한마디 한마디에 얼이 빠져 다 곧이듣는다." 그러니 말 잘하는 사람을 칭찬하는 것도 필요하지만, 그들의 말을 분별 있게 잘 가려서 들어야 하네. 강사의 웅변술과 스타일이 문제라면, 배려심 많고 솔직한 청자의 모습을 보여 주길. 하지만 강사가 하는 말의 진실성과 효용성이 문제라면, 그때는 자세하고 엄격한 검토자가 되자는 말일세. 그러면 강사의 미움을 받기는커녕 우리는 그들 말의 영향권 밖에 있게 될 걸세. 왜냐하면 우리가 방금 말한 사람에게 맞춰 주거나 그를 믿을 경우 얼마나 많은 오류와 위험한 의견을 채택하게 되겠는가? 옛날에 행실이 문란한 사람의 제안에 동의한 스파르타의 판관들은 삶이나 행동이 나무랄 데 없는 시민 중 한 사람을 정해 법안을 내도록 했다네.[11] 이는 현명하고 신중하게 행동한 것이며, 입법자의 말보다는 그 도덕적 영향력에 굴복하도록 사람들을 버릇 들인 것이네. 하지만 철학 영역에서 보자면, 강사의 권위는 차치하고 말 속에 담긴 주의 주장이 과연 가치가 있는지를 따로 검토해야 하네. 강의 혹은 연설에서나 전장에서나 속 빈 겉치레가 넘치게 많다네. 강사의 백발, 매혹적인 억양, 눈썹을 찡긋하는 버릇, 듣는 사람에게 솔깃한 말, 특히 청중의 함성이나 박수갈채, 발 구르기 등 이 모든 것이 급류에 쉽사리 휩쓸리는 젊은 초심자인 청중에겐 아주 강한 인상을 준다네. 강사의 말하는 스타일은 온화하고 깊이가 있으며, 여태까지 취급된 자료에 위대함과 상상력을 더하는 미덕을 감추고 있지. 플루트 반주에 맞춰 노래하는 음악가는 이 악기의 도움으로 틀린 음을 숨긴다네. 이는 화려하고 과장된 스타일에 청자가 현혹되고 판단이 흔들리는 것과 마찬가지라네. 사람들이 디오게네스의 비극을 어떻게 생각하는지 멜란티오스*에게 묻자 그가 대답했네. "나는 그 비극을 볼 수 없었습니다. 현란한 말들에 그 비극이 감추어졌기 때문입니다." 그런데 소피스트 대부분은 연설과 강의를 할 때 표현이라는 속임수 많은 너울에 생각을 감추는 것에 불만을 표하기는 하지만, 다른 사람 마음에 들고 싶다는 생각에서 짐짓 조화로운 억양과 매혹적

---

*『오디세이아』에 나오는 인물. 돌리오스의 아들로 주요한 인물은 아니지만 중요한 역할을 한다. 오디세우스가 20년간 헤맬 때 목동 필로이티우스와 돼지치기 에우마이오스는 오디세우스에게 충실했지만 그는 그렇지 않았다.

음성으로 변화를 구사해 청중에게 바쿠스적 이입과 광적인 표현을 촉발한다네. 이렇게 해서 듣는 이에게 주는 즐거움이 있다 해도 그건 헛된 즐거움이며, 강사는 이로써 더욱더 헛된 영광을 얻을 뿐이라네. 그러니 이들에게 디오니시우스의 이 말을 적용할 수 있다네. "극장에서 공연을 관람하던 왕자는 유명한 키타라** 연주자에게 반해 더없이 아름다운 약속을 했다. 공연이 끝나자 그는 연주자에게 아무것도 주지 않고는 이미 치를 것을 치렀다고, 즉 귀환 비용을 주었다고 핑계를 댔다. 왕자가 한 말인즉 '자네가 내게 연주로 행복을 준 만큼 나는 희망으로 자네에게 대가를 베풀었노라'였다." 청자가 감탄할 만한 연주를 하는 사람에게 지불하는 것은 이런 유의 급여라네. 그들의 연주에 매혹되어 있는 한은 연주자를 떠받들지만, 더 이상 그 연주가 안 들리고 그 즐거움이 멀어지면 연주자의 영광은 아무것도 아니게 된다네. 그러니까 청자는 시간을 낭비한 셈이고, 강사는 노력을 낭비한 셈이지.

---

** 하프와 비슷한 옛 악기.

## 8. 강의를 판단할 때, 거기서 어떤 이득을 끌어낼 수 있는지를 기준으로 삼으라

헛된 말은 모두 제쳐 두고 그 결실만 보도록 하세. 꽃 파는 여자가 아니라 꿀벌을 보듯이 말일세. 꽃 파는 여자는 사실 향기와 빛깔이 가장 좋은 꽃과 잎만 생각하네. 그런 것만 고르고 추려서 일부러 보기에는 좋지만 오래가지 못하고 열매 없는 작품을 만들지. 반대로 꿀벌은 제비꽃, 장미, 히아신스 등이 듬성듬성 핀 들판을 끊임없이 날아다니다 자극적이고 톡 쏘는 향기를 내뿜는 백리향에 도달하면 급강하해 그 위로 사뿐히 내려앉는다네.

꿀에서 금을 만들어 내며[12]

꿀벌은 꿀에서 유용한 성분을 취해 할 일도 제쳐 두고 벌집으로 날아가지. 이성이 있고 배우는 데 호기심이 많은 청자라면 극장의 화려한 의식과 칭찬만 번드르르하게 늘어놓는 웅변에 어울리는 사람, 땅벌 같은 소피스트[13]가 붙어서 꿀을 빠는 잡초를 경멸할 걸세. 하지만 생각이 깊은 청자는 강의에 담긴 정신에 슬며시 빠져들어 강사의 의도가 과연 무엇인지를 찾을 걸세. 그리고 자기가 연극이나 음악 공연에 온 것이 아니라 배우는 장소, 들은 말로 행동을 개혁해 보려는 의도가 있는 장소인 학교에 와 있다는 사실을 기억하며, 강의에서 유용하고 도움이 되는 요소를 끌어낼 걸세. 그러니까 우리 귀에 들리는 강의를 제대로 평가하고 판단하려면, 자신에게서 그리고 우리의 내적 위치에서 출발해 과연 우리의 믿음과 결심이 확고한지, 선과 미덕에 좀 더 열렬히 심취했는지 검토해 봐야 하네. 사람들은 이발사의 손을 벗어나면 거울에 자기 모습을 비춰 보고 만져 보며 머리가 어떻게 깎였는지, 전과 뭐가 달라졌는지 검토해 보는 법이라네. 그럴진대 연설이나 강의를 듣고 나올 때는 어떻겠는가. 나오는 즉시 자신에게 시선을 돌려 우리 마음을 연구하고 마음이 과연 그 무게로 묵직해지고 더욱 평화롭고 유순해진 미덕으로 정화되었는지 알아보려 하지. "정화하지 않으면 목욕도 강의도 소용없기 때문이다"라고 아리스톤[14]은 말했네.

**9.**

우리의 학생이 공부에서 이득을 발견할 때 스스로 즐거움을 찾아야 하는 것이 아니고 강의에서 얻는 즐거움이 그 자체로 목적이 아님을 알아야 하네. 그가 "쾌활한 곡조를 콧노래로 부르면서"[15] 철학자의 학교에서 나오듯이, 유도제와 찜질을 처방받았는데 향수만 잔뜩 뿌리고 있듯이. 가차 없이 그를 세뇌하여, 마치 연기를 피워 벌집을 채우듯 눈이 멀 만큼 짙은 안개로 그의 시야를 가득 채우는 사람들에게 그는 감사해야 하네. 달콤하고 잘 먹혀드는 스타일을 교사가 완전히 무시해야 한다는 것이 아니라, 이제 막 시작하는 젊은이는 적어도 이런 것에 별로 신경을 쓰지 말아야 한다는 걸세. 나중에 가서 그는 좀 더 그 점에 신경을 쓸 수 있을 것이네. 술을 많이 마시는 사람은 갈증을 면할 만큼 마시고 나면, 술잔 아래를 장식한 까끌까끌한 곳을 보고 좋아하며 일부러 잔을 엎어 놓는다네. 이와 마찬가지로 우리 제자가 철학적 생각을 충분히 했다면 숨을 좀 돌릴 수도 있을 것이네. 그때는 그에게 말씨의 우아함과 표현에 집착해도 된다고 해도 좋네. 하지만 내용을 무시하고 대뜸 고대풍의 순수함만 찾는 청자는 마치 해독제가 고대풍 콜리아스제製* 잔이 아닌 다른 점토 그릇에 담겼다는 핑계로 안 마시겠다는 환자와 같네! 또 추운 겨울에 털외투의 양모가 아티카산이 아니라며 안 입고 리시아스의 산문에 실제로 나오듯 꽉 끼고 반투명한 외투를 입겠다고 고집한 사람도 생각나네. 이런 것을 너무 좋아한 결과, 학교에는 지성과 방법 대신 공허한 미묘함과 경멸스러운 수다가 자리하게 된 것이라네. 젊은이는 철학에 몸 바치겠다는 사람의 행위나 삶은 안 보고 오직 주제의 비유나 표현 방식만 가지고 칭찬한다네. 그들이 들은 말이 유용하고 필요한 말이건 혹은 쓸모없는 헛소리이건 그들이 알지 못하고 굳이 검토하지 않으려는 것이 바로 문제라네.

### 10. 강의 주제에 관하여

이를 생각하다 보니 강의에서 무엇을 다룰지, 그 주제에 대해 청중이 원하는 바가 뭔지를 이야기하지 않을 수 없네. 식사 자리에 초대받은 사람은 뭘 더 달라거나 맛이 있느니 없느니 하지 않고 주는 대로 먹을 수

---

밖에 없지. 마찬가지로 철학적 요리와 철학적 단어가 잔뜩 있는 곳에 오면 조용히 입 다물고 강사의 말을, 특히 강의 주제를 잘 들어야 하네. 그가 딴 얘기를 하기를 원하거나 다루는 주제에 관한 이상한 질문으로 말을 끊으면서 새로운 의문점을 자꾸 끄집어내는 사람은 강사에게나 청중에게나 방해가 된다네. 그런 사람은 강의에서 어떤 이득도 얻어 내지 못하고 강사를 동요시키기만 하며, 강의의 맥을 끊어 놓는다네. 강사가 자기 입으로 질문해 달라거나 생각할 점은 이거 이거라고 하던가? 그러니까 유용하고 필요한 제안만 하세. 페넬로페에게 구애하던 사람들은 오디세우스를 이렇게 조롱했지.

그는 검도 냄비도 아니고 빵 부스러기를 찾아 떠났다.

왜냐하면 그들은 대단한 가치가 있는 대상을 요구하는 것만이 위대한 마음의 징표라고 보기 때문이라네. 하지만 강사가 무의미한 말이나 우스갯소리나 하도록 만드는 청자는 이보다 더 비웃을 여지가 있네. 이는 젊은이가 보통 범하는 잘못이지. 젊은이는 말솜씨

에 혹하고 끊임없이 변증법이나 수학에 관한 지식을
자랑하느라 무한을 분할하는 방식에 관해, 직선 방향
이나 대각선 방향[16]으로 움직이는 것에 관해 질문하는
버릇이 있다네. 그들에게는 필로티무스[17]가 어느 환자
에게 한 말이 놀랄 만큼 잘 어울리네. 그 환자는 기운이
빠져 쓰라린 생인손을 낫게 해 달라고 필로티무스에게
애원했네. 환자의 얼굴빛과 악취 나는 숨결만으로도
속병을 알 수 있었던 필로티무스는 말했네. "이보시오,
지금 치료해야 할 것은 생인손이 아니라오." 젊은이여,
자네에게도 이런 주제는 사시사철 많을 걸세. 이제부
터 자네가 겸손하고 도덕적으로 건강한 삶을 누리려면
병보다는 자네의 교만과 오만, 애정 충동과 하찮음에
서 어떻게 치유될 수 있을지 자문하게나.


### 11. 잘 살펴서 주제를 제시하라

또 하나 주의할 점은 강사의 경험과 능력을 알아
보고 그가 뛰어난 분야에 관해 물어보는 것이네. 소문
난 윤리학자에게 곤란한 물리나 화학에 관한 질문을
느닷없이 하지 말아야 하지. 또 능숙한 물리학자가 삼

단논법이나 궤변에 대해 이러쿵저러쿵하기를 바라서
도 안 되네. 열쇠로 나무를 쪼개려 한다거나 도끼로 문
을 열려 한다면, 그 사람은 이 도구를 변질시킨다기보
다는 그 쓸모와 효용성을 알지 못한다는 평가를 받을
걸세. 어떤 대가에게 그가 아는 바를 기반으로 그의 전
문 분야를 우리에게 가르쳐 달라고 해서 그걸 듣고 이
득을 끌어내는 대신, 그의 본성과 연구에 아주 어긋나
는 문제를 다뤄 달라고 요청하는 것은 단지 잘못된 일
일 뿐 아니라 배려심도 없고 심술궂다는 비판을 자초
하는 일일세.

## 12. 유리한 기회를 틈타 주제를 제시하라

우리는 너무 많은 문제를 너무 많이 제기하는 것
을 삼가해야 하네. 어찌 보면 그것은 잘난 체하는 셈이
기 때문이지. 하지만 스스로 힘들여 질문거리를 만드
는 다른 사람의 이야기를 듣는 것은 소통에 관심 있고
소통하고 싶어하는 마음이 있다는 뜻이라네. 그런데도
당장 억눌러야 할 열정을 신속하게 억누르지 못하고
급히 질문을 해야겠다는 느낌이 든다면, 헤라클레이

토스의 말처럼 그것을 어색하게 감추기보다는 즉시 자신의 잘못을 깨닫고 치유하는 게 좋겠네. 만약 화가 나거나 미신에 빠지거나 가정불화 혹은 격렬한 사랑 때문에

우리 마음의 건드리지 않은 줄을 건드려[18]

어떤 동작을 취한다면 우리 생각에 혼란만 가중될 걸세. 다른 주제로 회피해 잘못을 되풀이하지 않을 기회 앞에서 뒷걸음치지 마세나. 우리는 바로 우리의 잘못을 지적하는 이런 강의를 들어야 할 걸세. 강의가 끝나면 보통 강사를 따로 만나 자기에게만 이야기해 달라면서 보충 질문을 하지. 강사가 남의 흠을 말하는 것을 들으며 즐거움을 느끼고 감탄하는 대부분의 사람들처럼 굴지 마세나. 강사가 이것저것 비판하고 자유롭게 개인 의견을 내면 청자는 자기도 화를 내면서 강사를 성가시고 화 잘 내는 검열자 취급 하네. 청자는 연극 무대의 비극 배우처럼 강단 철학자의 말을 경청해야 한다고 생각하는 반면, 강사가 시민 생활에서 어떤 행동을 할 때는 보통 사람과 구별되는 점이 하나도 없다고

믿을지도 모르지. 강단에서 내려와 책과 설명서를 다 내려놓은 다음 구현했던 인물의 진지함을 벗어 버리고, 삶에서 더없이 중요한 활동을 할 때도 천박한 사람처럼 무의미하고 저질로 보이는 소피스트를 겨냥할 때는 혹 그 의견이 맞을지도 모르겠네. 하지만 강사의 말을 방해하지 않고 귀 기울여 듣는 습관이 드는 순간부터 말이 간결하다, 농담을 한다, 입을 비죽거린다, 미소를 띤다, 엄격한 표정을 짓는다, 개인적 의견을 퍼뜨린다는 등의 그릇된 핑계로 평가절하된 훌륭한 철학자에겐 이 의견이 맞지 않는다네.

### 13. 강사를 절도 있게 칭찬함에 대하여

또한 강사를 칭찬할 때는 완곡한 말로 하고 중도를 지켜야 하네. 왜냐하면 자유인에게는 모자란 부분과 넘치는 부분이 똑같이 비난받을 만하고 남에게 편견을 심어 줄 수 있기 때문이네. 무감각하고 싸늘한 청자보다 더 곤란하고 부담스러운 것은 없네. 이런 사람은 자신의 가치와 허황된 자부심을 남몰래 믿으며 자기가 강사보다 더 나은 강의를 할 수 있다고 확신하지.

사실 그런 사람은 냉정하게 눈썹 하나 까딱 않고, 남의 말을 배려심 있게 만족하며 듣는다는 증거가 될 말은 한마디도 입 밖에 내지 않는다네. 이처럼 고집스레 입을 다물고 배우처럼 근엄하게 굴면서 그는 돈이나 칭찬이나 마찬가지라고 생각함으로써 짐짓 단단하고 속 깊은 사람이라는 평판을 받은 척한다네. 남에게 주면 줄수록 자기 몫은 줄어드는 법이니까. 많은 사람이 피타고라스의 말을 잘못 이해해 "철학에서 끌어낼 수 있는 가장 큰 이득은 그 무엇에도 탄복하지 않는 것"이라고 생각하지. 이런 사람들이 생각하기에 최종 목적은 집요하게 '아무도 칭찬하지 않는 것'일세. 이런 사람들은 남을 멸시함으로써 자기가 중요한 사람인 양 연기하고 싶어하네. 철학적 정신이 있으면 무능하고 무지한 사람이 그렇듯 무조건 감탄하거나 열광하지 않는다는 건 사실이네. 철학적 정신으로 우리는 사물의 감추어진 면을 드러내고 이유를 설명하기 때문이지. 하지만 사실상 철학은 선의, 겸손, 상냥함 같은 것을 파괴하는 일과는 거리가 멀다네. 정말로 미덕이 있는 사람은 영예를 받을 만한 사람에게 영예를 돌리면 자신도 더욱 영광스러워진다고 생각하네. 그런 사람의 경우 타인을 인정하는 남다름이 스스로에게도 가장 훌륭한 장식품이 된다네. 그들은 남을 시기하지 않고 그 풍성한 영예를 나눠 갖는다네. 너무 칭찬을 아끼면 사람이 아주 궁색해지지.

반대로 아무런 비판도 하지 않고 한 단어나 한 음절을 들을 때마다 좋아서 팔짝 뛰거나 함성을 지르며 지나치게 칭찬만 하는 것은 너무 경솔하고 천박한 행동이네. 그렇게 하면 강사 자신도 불편하고 청자도 피곤해지는 경우가 많네. 왜냐하면 자기도 모르는 사이에 청자의 마음을 흔들고 방해해 그릇된 수치심으로 그들이 한목소리를 내게끔 이끌고 압박하기 때문일세. 이런 강의는 들어도 아무 이득이 없네. 왜냐하면 칭찬 때문에 너무 시끄러워 경청할 수 없고, 칭찬을 퍼붓는 소리로 귀가 따가우며, 강연장에서 나올 때는 다음 세 가지 중 하나의 딱지가 붙기 때문이지. 조롱하는 사람 혹은 빈둥대며 걸어 다니는 사람 혹은 경청 문화가 전혀 없는 보이오티아 사람이라는 딱지 말일세.

판관은 공평한 판단을 위해 호의도 미움도 없이 올바른 이유에 근거해 각 편의 말을 들어야 하네. 하지만 제대로 듣는 일에 있어서는 강사를 선의로 대해선 안 된다는 법도 서약도 없네. 게다가 고대 사람들은 소통의 신 헤르메스에게 카리테스*와 같은 신전을 부여했네. 그 의미는 사람들이 강의를 주로 호의로 받아들였다는 걸세. 강사가 재주가 없다거나 상식이 없어서 어떤 사상이든 외부 저자의 인용이든, 제시된 주제든 부수적 문제점이든, 최소한의 '어휘'와 '배열'(수사학적 논리적 배열)의 요소든, 칭찬할 만한 특징을 스스로 만들어 내지 못한다는 사실을 전제로 하는 것은 아니라네.

이처럼 가시덤불과 수레국화 틈에서도
부드러운 스노드롭이 예리하게 피어난다.[19]

구토, 열병, 심지어 냄비를 찬양하는 거창한 강의에까지도 열렬히 동조하는 사람들이 있는데, 이런 사람들은 이러저러한 이유로 평판이 좋거나 철학자라는 칭호를 가진 사람이 발표한 내용이 관대하고 수월한 청자들에게 칭찬받기를 바라네. 플라톤이 말하기를,[20] 꽃 같은 나이의 젊은이를 보면 이런저런 방식으로 사랑에 빠진 사람의 욕망에 불이 붙는다고 했네. 사랑에 빠진 사람은 창백한 사람을 보면 '신의 자녀'라 부르고

---

\* 헤르메스는 그리스신화에서 신들의 소식을 빠르게 전하는 심부름꾼이며, 카리테스는 고대 그리스의 세 여신으로 쾌락, 매력, 우아함과 아름다움을 관장한다.

거무스름한 사람은 남자답다고 하며, 매부리코인 사람은 왕처럼 보이고, 들창코인 사람은 우아한 분위기를 풍기며, 피부가 노리끼리한 사람은 꿀처럼 보인다고 하네.* 이런 예쁜 이름을 붙여 그 사람에게서 매력을 찾는 것이네. 사랑에 빠진 사람은 누구든 마음에 드는 거지. 사랑은 모든 것에 들러붙는 이끼 같은 것이니 말일세. 그런데 듣고 배우는 것을 좋아하는 모방자는 사랑에 빠진 사람보다 훨씬 더 공공연히 현명하게 강사를 칭찬하는 데 능란해야 할 거야. 실제로 플라톤은 리시아스의 연설[21]을 듣고 새로운 것을 지어내는 미덕이 그에겐 없으며 작문에 결함이 있다고 비난했지만, 스타일과 각 어휘가 '그 주위의' 대상을 명확히 그려 냈다는 점은 칭찬했네. 아르킬로코스가 고른 주제, 파르메니데스[22]의 시, 포킬리데스[23]의 진부한 이야기, 에우리피데스의 장황한 수다, 소포클레스의 균일하지 못한 스타일을 다시 되풀이할 수도 있을 걸세. 물론 이와 같이 어떤 강사는 그림에서 인물을 건지고 어떤 강사는 감동을 줄 줄을 모르며 어떤 강사는 우아함을 추구하느라 자기 강의를 결코 희생하지 않네. 하지만 저마다 강의를 하고, 자기의 매력인 특별한 장점으로 칭찬을

---

받는다네. 그런 경우에는 청자도 강사에게 공감을 표할 이유가 많고 다양해지지. 어떤 경우에는 긍정의 언사와 다정한 시선, 평온한 분위기, 경우에 맞고 권태로워하지 않는 태도면 충분하다네.

왜냐하면 강의계를 지배하는 공통 관례와 기본을 이루는, 쉽게 말하자면 그 세계에 붙이는 '딱지'가 무엇인지를 생각할 때이기 때문일세. 우리는 상체를 곧추세우고 좌우로 흔들지 않으며, 똑바로 강사를 바라보며 신체적으로 완전히 만족한 상태로 무심하지만 잘난 체하는 표정이나 공격성 없이 아무 근심도 드러내지 않는 중립성을 띠고 앉아 있네. 알다시피 모든 작품에서 아름다움은 여러 특질이 힘을 합쳐 완벽한 조화를 이루는 총합이라네. 반면 한 가지 요소가 모자라거나 정상 이상으로 넘치면 바로 추해진다네. 경청할 때도 눈썹을 찡그리거나 떨떠름한 표정을 짓거나 두 눈을 굴리거나 몸을 떨거나 다리를 꼬거나, 하물며 옆 사람에게 귓속말을 하거나 미소를 짓거나 하품을 하거나 고개를 숙이거나 하는 모든 행동은 조심스레 피해야 할, 비난받아 마땅한 결점일세.

## 14. 경청하면서 우리가 범하는 잘못

사람들은 대부분 강사에게만 의무가 있고 청자에게는 없다고 생각하네. 강사가 대상을 곰곰이 생각하고 완전한 준비를 갖추어 무대에 나오길 바라지. 하지만 청자는 자신도 수행해야 할 의무를 조금도 걱정하거나 아랑곳하지 않고 오네. 그러니 그들은 마치 초대받아 온 사람이 식탁에 앉듯 아주 편안하게 청중석에 자리를 잡는다네. 반면 초대한 주인은 손님을 접대하기 위해 갖은 고생을 다하지. 손님이라도 훌륭한 손님이라면 지켜야 할 예의가 있거늘, 하물며 청자야 오죽하겠는가. 청자는 발표에 참여하고 강사와 협력해야 하는만큼, 설령 강사가 숱하게 엉뚱한 소리와 예법에 안 맞는 행동을 한다 하더라도 그의 모든 실수를 신랄하게 지적하며 단어 하나하나를 강조하라거나 강의의 배경을 정당화하라고 강요하는 것은 옳지 않을 것이네. 하지만 죄드폼 게임*을 할 때 공을 받는 사람이 던진 사람의 동작을 정확히 규제하듯이, 철학적 강의에서도 강사와 청자 양측이 각자의 의무를 유념하여 수행하기만 한다면 양자 사이에 들어맞는 일종의 일치가

---

* 공과 코트를 사용하는 게임으로, 테니스와 비슷하다.

있는 법이라네.

## 15. 박수를 치는 적절한 방법: 청자의 당돌함과
## 어리석음에 관하여

칭찬할 때 쓰는 표현도 이와 다르지 않네. 에피쿠로스가 자기 집에서 "우레와 같은 박수갈채"를 자아낸 친구의 편지에 대해 말하면, 바로 이런 것이 부적절한 이야기인 거라네. 우리 청중에게서 "훌륭해!"나 "놀라워! 비교 불가야!"같이 평소 잘 쓰지 않는 표현을 끌어내려는 사람들이 있네. 마치 플라톤이나 소크라테스, 히페리데스[24]를 찬양하는 "이야기 잘했어! 잘 찾았어! 옳소!" 같은 말로는 성에 차지 않는다는 듯이 말일세. 이처럼 지나친 칭찬을 들으면 실제로 허영심 있는 사람이나 좋아할 법한 그런 칭찬이 정말로 필요하다고 생각하게 되어 칭찬을 하는 사람의 명예가 손상되고, 또 강사 자신의 말도 틀린 말이 된다네. 이 못지않게 극히 서투른 다른 이들은 서약을 남발하며 강사의 이름을 마구 연호하네. 마치 연단에 선 것처럼, 마치 그렇게 하면 그들이 말한 바가 진실임이 입증된다는 듯이 말이지. 마찬가지로 합당한 예절을 잘 잊어버려 정말로 칭찬을 남발하는 몰상식한 사람들은 철학자에게 이렇게 말한다네. "얼마나 적절한 포인트인가!" 머리가 벗어진 노인에게는 이렇게 소리치지. "얼마나 우아한가!" 또는 "얼마나 생기 있나!" 학교 다닐 때 시합에서나 웅변대회에서 듣던 이런 유의 칭찬을 철학적 언어로 옮겨 써 가면서 말이지. 그들은 창녀를 유혹할 때나 쓸 법한 유의 칭찬을 현자의 말에도 갖다 붙인다네. 이건 건장한 운동선수에게 월계수나 야생 올리브나무 관 대신 백합이나 장미 관을 씌워 주는 격이지. 시인 에우리피데스는 합창단에게 음악 반주에 맞춰 운율 있는 대사를 연습시켰네. 그랬더니 어떤 사람이 웃기 시작했네. 에우리피데스는 그에게 말했다네. "자네가 바보에다 이중으로 길마까지 등에 진 당나귀가 아니라면, 비장한 믹소리디아 선법*으로 작곡된 이 곡을 듣고 그렇게 바보같이 웃지 않을 걸세." 철학자라면 경솔한 청자의 수다에 이런 말로 일갈할 거라고 나는 생각하네. "자네가 판단력과 상식이 좀 더 있다면 내가 신이나 시민 생활이나 정부 이야기를 할 때 짐짓 콧노래를 부르거나 딴청을 피우지는 못할 걸세." 현 상황을 직시해야

---

* 느리고 비장한 선법.

하네. 철학자가 강의할 때, 길에서 어슬렁대던 사람은 강연장의 벽에 울리는 함성과 환호 소리를 듣고 이것이 플루트 연주자 때문인지, 키타라 연주자 때문인지, 아니면 모든 관중을 미치게 하는 스타 무용수 때문인지 궁금해한다네.

### 16. 경청을 잘할 수 있는 장소에 대하여

질책과 비난을 들을 때는 유약하거나 무심하게 넘기지 말아야 하네. 철학자의 비난을 쉽게 견디는 사람은 그것을 웃어넘기며 심지어 그런 비난을 다시 들추는 사람을 칭찬하기까지 하네. 그런 사람은 자기가 어떤 이용을 당할 때만 영양을 공급하는 사람을 찬양하는 식객과 같지. 이들은 사실 파렴치함과 당돌함에 불과한 것을 용기라고 여기고 싶어한다네. 명예를 중시하는 사람은 사실 공격적이 아닌, 세련되고 섬세한 농담을 즐겁게 받아들이는 것은 잘못이 아니라고 생각하지. 이는 스파르타인의 성격이 자유롭고 솔직하다는 징표이기도 하네. 하지만 성격을 고치기 위한 비난이나 질책 혹은 쓴 약처럼 작용하는 직접적인 말로 표현된 질책이라면 문제가 전혀 다르네. 쇠약해지거나 땀을 뻘뻘 흘리거나 어지럼증에 걸리거나 심한 부끄러움을 느껴 보지 않은 젊은이, 이런 훈계를 태연히 듣고 조롱 섞인 농담으로 대응하는 젊은이는 나태한 악덕의 습관에 빠져 자신이 수치심을 느끼지 못한다는 사실과 고통 속에서 단단하고 못 박힌 살처럼 단련된 영혼이 구원을 가져오는 회한의 바늘에 콱 찔려야만 깨어날 수 있다는 사실로 말미암아 한심하게도 일체의 너그럽고자 하는 본능을 낯설게 생각하게 된다네.

이런 젊은이 말고 다른 젊은이도 있네. 이들은 정반대 성향으로 움직이며 남이 한번이라도 비난하는 말을 건네면 벌컥 화를 내지. 철학에서 도망친 이들은 철학을 아예 저버리네. 그들은 자연으로부터 겸손이라는 성향을 받았지만, 그들의 비겁함과 까다로움 때문에 그 성향은 쓸데없는 것이 되었다네. 그들은 쓸모 있는 비난을 용기 있게 옳다고 마음 넓게 받아들일 수 없어서, 듣기 좋은 아첨의 말이나 달콤한 목소리로 아무 열매도 맺지 못하는 공허한 말을 지껄이며 그들을 농락하는 소피스트의 말에 귀를 기울이지. 고통스럽게 몸의 일부를 잘라 낸 후 상처에 붕대를 매기도 전에 외과

의사의 손을 피해 달아나는 환자는 치료에서 아무 위로도 받지 못하고 거북함만 느낀 거지. 마찬가지로 어떤 단어가 우리의 어리석음을 통렬히 꿰뚫었는데 흉터를 아물게 하는 연고가 치유 효과를 내게끔 가만 놔두지 않는다면, 철학에서 아프게 물린 자국만 생기고 아무 혜택도 없이 철학과 작별하는 거나 마찬가지네. 에우리피데스의 말을 인용한다면, 상처에는 텔레포스의 상처만 있는 것이 아니기 때문이네.

줄질한 창에 맞은 상처가 치유되기를.

좋은 집안에서 태어난 젊은이의 마음에 철학의 이가 새겨 놓은 상처는 겉으로 보기엔 상처를 주는 말로만 치유되는 듯하네. 그러므로 비난의 상처를 입은 사람은 낙담하거나 약해지지 말고 그 고통과 '잇자국'을 철학적 비의 전수秘意傳受의 전주곡으로 삼아 이런 고통과 시련이 나중에 빛나는 달콤한 보상을 가져오길 내심 바라며 정화 능력이 있는 전조前兆, 즉 초기의 말썽을 견뎌 내야 한다네. 사람들은 비난을 애써 무마하지만 사실 그 비난은 우리가 마땅히 받을 만한 것이 아닌가? 강의가 끝나면 우리에게 가까이 와서 우리가 한 말을 정당화해 보라 하고, 진정한 잘못에 대해서도 그가 우리에게 보였던 솔직함과 혹독함으로 지적해 달라고 간청하는 사람의 말을 참을성 있게 수굿이 듣는다면 더욱더 아름다울 걸세.

## 17. 두 부류의 학생, 수줍어하는 부류와 새끼 스승

또 한 가지 조언을 하겠네. 글의 기본이든, 리라 치는 법이든, 격투기든 처음 배울 때는 많이 헷갈리고 고통스럽고 혼란스럽게 마련이라네. 그러다 차츰 공부해 가면서 모든 것이 조금씩 익숙해지지. 인간관계가 다 그렇듯 습관이 들고 알게 되면 모든 것이 정답고 낯익고 실행하기 쉬워지는 법일세. 마찬가지로 철학도 처음에는 다루는 주제나 쓰는 표현이나 복잡하고 야릇하고 건조할 뿐일 게야. 그런데 이런 초입 단계가 두렵다고 겁 많고 소심한 사람처럼 철학 행위 자체를 단념해선 안 되네. 장애와 마주칠 때마다 잘 재어 보고 견뎌 내고 단호한 발걸음을 내딛는 버릇을 들여 멋지고 정직한 활동의 좋은 점을 알 수 있을 때까지 이렇게 계속

해야 하네. 머지않아 그런 상태가 올 것이며, 그런 상태가 오면 우리가 그동안 연습한 것은 환한 빛에 둘러싸일 걸세. 그러면 우리는 미덕에 대한 애정으로 불타오를 거야. 본성에 어긋나거나 심약한 마음을 지닌 사람이 아니고서야, 도대체 누가 그 빛과 동떨어져 나태함의 결과로 철학자로 사는 고상한 운명에서 탈락되는 것을 받아들여야만 하는 삶을 견딜 수 있단 말인가? 처음엔 날것인 무경험의 새내기의 정신을 이해하기 어려울지도 모르지. 하지만 종종 젊은이가 무지의 어둠 속에 남아 다른 본성으로 누구나 겪는 오류에 빠지는 것은 그들이 개인적으로 한 짓 때문이라네. 어떤 사람은 수줍어서 또는 스승에게 수고를 끼치지 않으려고 강사가 말한 문장의 의미에 대해 질문하길 망설이고, 짐짓 모든 걸 이해하는 척하면서 고개를 크게 끄덕여 동조한다는 신호를 보내지. 또 어떤 사람은 잘나지도 않았으면서 잘난 척하고 싶은 마음에, 동료를 짓밟고 두각을 나타내고 싶다는 우스꽝스러운 욕망 때문에 자기 머리가 명석하고 빨리 배울 수 있는 능력이 있다는 것을 입증하고 싶어하네. 그런 사람들은 설명을 듣고 제대로 이해하기도 전에 다 파악했다는 티를 내지. 그럼

결론은 어떻겠는가? 전자의 사람은 신중해서 감히 물어보지도 못한 채 서글프게 교실을 떠나지만, 현실의 필요성에 밀려 다시 와서는 먼저보다 더욱 부끄러워하며 스승을 만난다네. 그들은 질문 하나하나를 다시 하고 아까 했던 강의 전체를 다시 생각하는 거지! 후자, 즉 야심만만한 새끼 스승은 항상 자신의 무지를 조심스레 덮고 감추기만 하네. 이런 사람의 경우 결국 그 무지가 돌이킬 수 없는 것이 되고 만다네.

### 18.

철학자를 지망하는 사람이라면 거리낌도 없고 너무 세세한 것에 집착하지도 않으면서, 철학을 배움에 있어 꼭 필요한 이 두 가지 미덕, 즉 남을 모방하는 행위와 완벽한 지성을 행사해야 한다네.

그러니 비겁함과 오만을 경계하게나! 오직 사람들이 쓸모 있다고 하는 것만 파악하고 이해하는 데 신경을 써서, 필요하다면 자기가 우리보다 더 재주가 많다고 생각하는 사람의 조롱도 견뎌 내세나. 이 점에서 클레안테스[25]와 크세노크라테스처럼 하자는 말일세. 이들은 남보다 늦된 지능을 갖고 태어났지만 공부를 결코 놓지 않았고 낙담하지도 않았네. 이들은 누구보다 먼저 자신에 대해 농을 하고, 목 좁은 꽃병이나 동판처럼 남이 하는 말을 더 어렵게 받아들이지만 대신 그 말을 충실하게 오랫동안 간직할 거라고 말했네. 왜냐하면 포킬리데스의 말처럼

　여러 번 고귀한 사람이 되려는 희망에 속았을 뿐
　아니라……

　하지만 이걸로 다 된 것은 아니었네. 여러 번 조롱당하고 평판이 나빠지는 것도 견뎌 내야 했고, 온 힘을 다해 무지와 싸우고 무지를 타파하려 하면서 농담과 광대 짓을 참아야 했다네. 그런 잘못을 범하는 사람은 대부분 불편하고 남을 진력나게 하는 데면데면한 청자라네. 일단 토론을 했다 하면 이들은 직접 대가를 지불하려 하지 않고 회의 주재자에게 같은 문제에 대해 항상 똑같은 질문을 숱하게 퍼부어 많은 불편을 초래하네. 그런 사람은 매 순간 어미 새가 물어 온 먹이를 크게 입을 벌려 받아먹기만 하고 이미 남이 씹어 놓

은 먹이만 먹는 아직 깃털이 나지 않은 아기 새와 같네. 또 주의 깊고 통찰력 있는 사람으로 인정받고 싶어 유창한 언변과 호기심으로 강의의 달인을 몹시 피곤하게 하는 사람도 있다네. 이런 사람은 끊임없이 쓸모없고 가외인 난점만 불러일으키고, 증거가 필요치 않은 대상에 대해 증거를 요구하네.

가장 가까운 길은 이렇게 해서 가장 먼 길이 된다

라고 소포클레스는 말했는데, 이는 그런 사람에게뿐 아니라 다른 사람에게도 해당하는 말이네. 헛되고 불필요한 질문으로, 또 주제를 벗어나는 탈선으로 스승의 말을 매번 끊으면서 스승의 가르침이 진행되지 못하게 막지. 히에로니무스[26]의 말에 따르면, 그들은 집에서는 맹수의 피부를 물어뜯고 털을 막 뽑지만 정작 숲속에서는 야생 동물을 공격할 엄두도 못 내는 겁 많고 욕심 많은 강아지 같네. 앞서 언급한 늦된 지능을 가진 사람들로 말하자면, 그들이 강의의 주안점을 서두에 두고 빈틈을 혼자 채우며 기억을 되살려 독창력in-ventio의 길잡이가 되려 할 때 그들을 초청하세나. 그들이 기억하는 얼마 안 되는 낯선 말은 그들이 신경 써서 증식하고 살리는 것이 문제되지 않는 실마리가 될 걸세. 왜냐하면 마음은 채우기만 하면 되는 꽃병과는 다르기 때문이지. 그런 마음에는 오히려 마른 나무에 불을 당기듯 그걸 덥혀 주고 창조적 충동이 샘솟게 하고 집요하게 진실의 방향으로 나아가게 해 줄 땔감이 필요하다네. 이웃집에 불씨를 찾으러 가서 아주 투명한 불꽃을 발견하고 거기 눌러앉아 불을 쬐며 더 이상 집에 돌아갈 생각을 안 하는 사람이 있다면, 그런 사람에 대해 무슨 말을 하겠는가? 배우러 와서는 자기 불, 즉 자기 지성의 불을 따로 밝힐 필요가 없다고 생각하고 그것을 듣는 즐거움에만 매혹되어 주저앉아 있는 청년의 이미지가 이러하다네. 그를 맞아들이는 벽난로의 반사판처럼, 그는 자기 얼굴을 발갛게 물들이는 선홍색 불을 잘 받아들인다네. 즉 그는 비록 들은 말에서 밖으로 표현할 착상을 끌어내기는 하지만, 그의 마음속에 숨은 곰팡이와 은밀한 어둠은 이런 열기를 쬐었다 하여 사라지지 않으며 철학으로도 없앨 수 없다네.

귀 기울여 듣는 법에 대해 지금까지 내가 전한 모든 가르침에 이 한마디만 덧붙이겠네. 즉 "사람은 배움과 동시에 새로운 것을 지어내야 한다"는 말로 요약되는 바를 기억하기 바라네. 이런 식으로 하면 자네 자신의 공부는 소피스트의 입장도, 그저 사실을 알고 싶어 하는 사람의 입장도 아닌, 지식과 철학적 '뿌리 내리기'의 입장에 설 수 있을 걸세. 이 금언을 생각하게. "잘 사는 것의 시작은 잘 듣는 것이다."

## 마음의 평온을 얻는 법

1) 어디에 사는 누구인지 명시되어 있지는 않지만, 플루타르코스에게 마음의 평온을 얻기 위한 조언을 청한 친구인 듯하다.

2) 플라톤의 『대화편』 중 한 편으로, 티마이오스는 「티마이오스」와 「크리티아스」에 나오는 인물이기도 하다. 이 두 편에서 티마이오스는 피타고라스학파 철학자로 나오는데, 역사상으로는 기원전 5세기에 살았던 듯하지만 플라톤의 저작에서 문학적 인물로만 등장하므로 실재 인물인지는 알 수 없다.

3) 고대 로마의 상원의원으로, 플루타르코스의 친구였다.

4) 로마의 광장을 말한다.

5) 고대 아테네의 비극 시인 에우리피데스의 시.

6) 고대 그리스의 철학자·사학자·용병. 소크라테스의 제자였다.

7) 에우리피데스의 시.

8) 기원전 8세기 무렵에 호메로스와 함께 활동한 것으로 여겨지는 고대 그리스 시인.

9) 오디세우스의 늙은 아버지. 나이는 많았지만 눈과 귀가 밝

고 행동이 민첩했다.

10)　『오디세이아』에 나오는 구절.

11)　그리스신화에 나오는 영웅으로, 트로이전쟁에서 활약했다. 호메로스가 쓴 『일리아드』의 중심인물이자 위대한 전사.

12)　『일리아드』에 나오는 구절.

13)　오늘날 에피쿠로스주의라 불리는 철학을 창시한 고대 그리스의 철학자.

14)　고대 그리스의 극작가.

15)　레스보스 출신의 그리스 철학자. 아리스토텔레스의 추종자였다.

16)　메난드로스의 시.

17)　에우리피데스의 시.

18)　흔히 샐러드나 샌드위치에 넣어 먹는 갓류 채소.

19)　고대 그리스의 철학자로 알렉산드로스대왕의 동방 원정에 따라 갔던 인물.

20)　알렉산드로스대왕의 휘하에 있던 마케도니아 장군.

21)　그리스신화에 나오는 트로이전쟁의 영웅. 아트레우스의 아들로, 미케네의 왕이었다.

22)　『일리아드』에 나오는 구절.

23)　고대 그리스의 철학자이자 견유학파의 창시자 중 한 명.

24)　그리스신화에 나오는 태양신 헬리오스의 아들.

25)　에우리피데스의 시.

26) 고대 그리스의 수학자이자 키레네학파의 철학자. 그리스와 알렉산드리아에 살다가 키레네에서 죽었다.

27) 고대 그리스의 철학자. 스토아철학의 창시자로 이 철학을 기원전 300년경부터 아테네에서 가르쳤다.

28) 고대 그리스의 서정 시인.

29) 에우리피데스의 시.

30) 그리스 중부에 있는 지방. 오래전부터 문화가 발달하여 테베·오르코메노스 등의 도시국가가 번영했다.

31) 테베의 장군·정치가. 테베를 스파르타의 복속에서 해방시켜 그리스의 도시국가로 만들었다.

32) 고대 로마공화정의 집정관으로, 파브리키우스 가문에서 가장 먼저 로마로 이주한 사람이라고 전해진다.

33) 스파르타의 왕이며 아르키다무스 2세의 맏아들로 기원전 427년경 즉위하여 28여 년간 통치했다.

34) 고대 아테네의 뛰어난 정치가·웅변가·장군.

35) 고대 그리스에서 윤리적 주장을 내세우기보다 논리와 변증법을 더 높이 평가했던 메가라학파의 철학자. 주요한 추종자로 제논이 있다.

36) 고대 그리스의 견유학파 철학자. 아리스토텔레스의 리케이온에서 공부하고 테베의 크라테스의 추종자가 되었다.

37) 고대 그리스의 철학자. 소크라테스의 제자로, 키레네학파의 창시자다.

38) 마케도니아의 장군. 알렉산드로스대왕의 아시아 원정 때 섭정이 되어 본국을 관리했다.

39) 고대 그리스의 철학자. 중기 아카데메이아학파의 창설자로 아카데메이아 회의주의를 대표한다.

40) 고대 그리스의 시인이자 군인인 아르킬로코스를 말한다.

41) 고대 그리스의 시인 시모니데스의 시.

42) 대지의 신 가이아와 하늘의 신 우라노스의 세 아들 중 한 명으로 일명 아에가에온이라고도 한다. 올림포스 신들과 티탄과의 전쟁에서 신들의 편에 서서 싸워 승리했다. 밀턴의 『실낙원』, 세르반테스의 『돈키호테』, 라블레의 『가르강튀아』 등에도 언급된 영웅이다.

43) 고대 페르시아제국의 제4대 왕.

44) 고대 그리스의 장군이자 그리스 일곱 현인 중 한 명이다.

45) 메난드로스의 시.

46) 『일리아드』에 나오는 구절.

47) 그리스신화에 나오는 농경과 계절의 신. 자신의 아들에게 지위를 빼앗길 것이라는 예언을 믿고 자식들이 태어나는 대로 잡아먹다 제우스에게 쫓겨났다.

48) 『일리아드』에 나오는 구절.

49) 에우리피데스의 시.

50) 폭군으로 이름난 시라쿠사의 왕.

51) 『일리아드』에 나오는 구절.

52) 고대 그리스의 유명한 화가. 알렉산드로스대왕의 초상화를 그렸다고 전해진다.

53) 핀다로스의 시.

54) 고대 그리스의 철학자·정치가·시인. 그의 철학은 우주가 4원소로 이루어져 있다는 이론을 낳았다.

55) 고대 그리스의 철학자. 주로 우주는 원자로 이루어져 있다는 이론으로 잘 알려져 있다.

56) 고대 그리스의 시인·학자.

57) 고대 그리스의 테살리아 태생으로 알렉산드로스대왕 휘하의 장군이자 친구였고, 안티고누스 1세 때도 장군을 지냈다.

58) 테베의 정치가. 펠로폰네소스전쟁 이후 권력이 강해져 스파르타에 반대하는 정책을 폈다.

59) 고대 아테네의 정치가·입법가·시인. 특히 아테네의 정치적 경제적 도덕적 타락에 맞서 입법 노력을 기울인 것으로 유명하다.

60) 고대 그리스의 소요학파 철학자. 자연과학 연구에 헌신했으며, 아리스토텔레스 사상에서 자연적 요소를 현저히 늘려 우주를 다스리는 것은 신이 아니라 자연의 무의식적인 힘이라고 보았다.

61) 에레트리아학파를 세운 그리스 철학자. 처음에는 아테네에서 철학을 가르치다 친구인 아스클레피아데스와 함께 스틸

폰과 파에돈 밑에서 공부했다.

62) 마케도니아왕국의 필리포스 2세와 알렉산드로스대왕을 보좌한 장군.

63) 핀다로스의 시.

64) 그리스 북부의 고대도시로 해발 30~40미터 높이의 언덕에 세워졌다.

65) 고대 그리스의 시인이자 문법학자인 칼리마코스의 시인 듯하다.

66) 고대 그리스의 대표적인 자연철학자. 세계를 과학적이고 합리적인 방법으로 이해하고자 했다.

67) 키레네 태생의 회의주의 철학자. 기원전 159년경에 이전의 모든 교조적인 주의, 특히 스토아철학과 에피쿠로스 추종 자까지도 논파하기 시작했다.

68) 마케도니아의 마지막 왕. 그리스를 지배하려고 시도하다 결국 마케도니아가 로마에 패해 합병되는 결과를 초래했다.

69) 로마공화정의 집정관을 두 번 역임하고 제3차 마케도니아 전쟁에서 승리해 안티고노스 왕조를 끝낸 유명한 로마의 장군.

70) 안티고노스 1세의 아들로 마케도니아 왕을 지냈다.

71) 그리스 아티카의 서부에 있는 역사적 도시.

72) 『일리아드』에 인용된 시

73) 플라톤의 『소크라테스의 변명』에 나오는 말.

74) 알렉산드리아의 시인.

75) 고대 그리스의 비극 시인 아이스킬로스의 시.

76) 에우리피데스의 시

77) 고대 그리스의 도시 람프사코스 출신의 철학자 메트로도로스를 가리킨다.

78) 에우리피데스의 「오레스테스」에 나오는 구절.

79) 『일리아드』에서 변형한 구절.

80) 고대 그리스의 도시국가. 수도는 스파르타이며 펠로폰네소스반도의 타이예토스산맥 기슭과 에우로타스강 골짜기에 있었다.

81) 플라톤의 『대화편』「티마이오스」에 나오는 말을 가리킨다.


**적에게서 이득을 끌어내는 법**

1) 플루타르코스 말년에 아카이아 지방의 총독을 지낸 사람.

2) 플루타르코스의 『도덕론』에 들어 있다.

3) 그리스신화에 나오는 자연의 정령. 말의 귀와 꼬리가 달려 있고 항상 발기해 있다고 전해진다.

4) 아이스킬로스의 시.

5) 테베 출신의 견유학파 철학자로 디오게네스의 제자이며, 돈을 다 없애고 아테네 거리에서 가난한 삶을 살았다.

6) 『일리아드』에 나오는 구절.

7)  푸블리우스 코르넬리우스 스키피오 나시카. 고대 로마의
    집정관으로, 아들과 손자와 구분하기 위해 스키피오 나시
    카라 불렸다.

8)  아이스킬로스의 시.

9)  고대 그리스의 정치가로 당시 가장 뛰어난 웅변가로 꼽혔다.

10) 에우리피데스의 시.

11) 에우리피데스의 시.

12) 기원전 4세기 그리스의 철학자·웅변가·수사학자·역사
    학자.

13) 기원전 5세기의 뛰어난 자연철학자·의학이론가. "상당한
    독창성을 지닌 사상가요 자연철학자이자 신경과학자"였다
    고 전해진다.

14) 테베와 맞선 전쟁 중 아르고호에 탔던 전설적인 왕.

15) 에우리피데스의 희곡에 나오는 구절.

16) 고대 로마에서 기원전 96년에 크라수스와 함께 집정관을
    지낸 인물.

17) 루키우스 리키니우스 크라수스. 고대 로마의 집정관·웅변
    가. 칠성장어 일화가 유명하다.

18) 저자 미상.

19) 디오게네스의 말.

20) 테살리아는 그리스 북부 에게해에 면한 지방으로 많은 신
    화와 전설이 전한다.

21) 마르쿠스 리키니우스 크라수스. 로마공화정이 로마제국으로 바뀌는 데 중요한 역할을 한 로마의 정치가이자 장군.

22) 고대 로마에서 불의 여신 베스타의 제단 성화를 지키는, 순결을 맹세한 여섯 명의 여성.

23) 베스타의 여사제 중 한 명.

24) 아테네의 정치가이자 장군으로 아테네 민주주의 초기에 두각을 나타낸 귀족 출신이 아닌 정치가 중 한 명이었다.

25) 에우리피데스의 사라진 희곡에서 가져온 이행시.

26) 기원전 3세기 시라쿠사의 참주였던 히에론 2세를 가리킨다.

27) 호메로스의 시에 자주 나오는 표현.

28) 저자 미상.

29) 저자 미상.

30) 핀다로스의 시.

31) 플루타르코스의 다른 책에 나오는 일화.

32) 고대 로마에서 기원전 115년에 집정관을 지낸 정치가.

33) 율리우스 카이사르의 원수이며 공화주의 원칙을 완강하게 고집한 것으로 유명한 인물.

34) 고대 로마에서 기원전 75년에 검찰관으로 정치 경력을 시작한 인물.

35) 핀다로스의 시.

36) 플루타르코스는 종종 이 일화를 인용한다.

**귀 기울여 듣는 법**

1) 누구인지, 이 글이 언제 쓰였는지에 대해서는 정확한 자료가 없으나, 플루타르코스와 가까이 지낸 청년인 듯하다.

2) 고대 그리스의 철학자. 아리스토텔레스의 제자로 기원전 322년부터 죽을 때까지 리케이온의 수장을 지냈다.

3) 플라톤의 제자로, 스페우시포스의 뒤를 이어 아카데메이아의 장을 맡았다.

4) 헤로도토스의 책에 나오는 이집트 왕.

5) 고대 그리스 일곱 현인 중 한 명.

6) 저자 미상.

7) 피타고라스학파의 철학자.

8) 4세기 후반의 소크라테스학파 철학자.

9) 스파르타의 왕 아게시폴리스를 말한다.

10) 에페수스의 헤라클레이토스를 말한다.

11) 이 일화는 아이스키네스의 글에서 가져온 것이다.

12) 시모니데스의 시.

13) 플라톤이 『국가』에서 쓴 표현.

14) 스토아학파 철학자인 키오스의 아리스톤을 말한다.

15) 플라톤이 『국가』에서 쓴 표현.

16) 「티마이오스」에 나오는 내용.

17) 아테네에 있었다는 유명한 의사.

18) 저자 미상.

19) 저자 미상의 시.

20) 플라톤이 『국가』에서 말한 내용.

21) 『파이드로스』에 나온 연설.

22) 고대 그리스의 철학자.

23) 고대 그리스 밀레투스 출신의 경구 시인이자 난쟁이 시인.

24) 고대 아테네의 연설문 작성자.

25) 고대 그리스의 스토아학파 철학자. 제논을 이어받아 아테네 스토아학파의 수장 역할을 했다.

26) 고대 그리스 로도스의 소요학파 철학자.

## 마음의 평온을 얻는 법

2020년 3월 14일 초판 1쇄 발행

| 지은이 | 옮긴이 |
| --- | --- |
| 플루타르코스 | 임희근 |

| 펴낸이 | 펴낸곳 | 등록 |
| --- | --- | --- |
| 조성웅 | 도서출판 유유 | 제406-2010-000032호(2010년 4월 2일) |

**주소**
경기도 파주시 책향기로 337, 301-704 (우편번호 10884)

| 전화 | 팩스 | 홈페이지 | 전자우편 |
| --- | --- | --- | --- |
| 031-957-6869 | 0303-3444-4645 | uupress.co.kr | uupress@gmail.com |

| | 페이스북 | 트위터 | 인스타그램 |
| --- | --- | --- | --- |
| | facebook.com | twitter.com | instagram.com |
| | /uupress | /uu_press | /uupress |

| 편집 | 디자인 | 마케팅 |
| --- | --- | --- |
| 류현영, 전은재 | 이기준 | 송세영 |

| 제작 | 인쇄 | 제책 | 물류 |
| --- | --- | --- | --- |
| 제이오 | (주)민언프린텍 | (주)정문바인텍 | 책과일터 |

ISBN 979-11-89683-31-3 03190

이 도서의 국립중앙도서관 출판예정도서목록(CIP)은 서지정보유통지원시스템
홈페이지(seoji.nl.go.kr)와 국가자료공동목록시스템(www.nl.go.kr/kolisnet)에서
이용하실 수 있습니다.(CIP제어번호: CIP2020002981)